Daniela Sickinger

Havaneser

Vom Welpen bis zum Senior

Alles, was du über diese liebenswerte Rasse wissen musst

Inklusive Insidertipps

Impressum

Copyright: Daniela Sickinger (Autorin)

Geisenheimer Weg 6

65719 Hofheim am Taunus

ISBN: 979-8-8616-5818-8 (Taschenbuch)

Imprint: Independently published

Herstellung: Amazon Distribution GmbH

Social Media Seite der Autorin: http://www.instagram.com/havaneser_pablo

In diesem Buch findest du Erfahrungsberichte über Havaneser. Die innerhalb dieser Berichte enthaltenen Fotos wurden der Autorin dankenswerterweise für dieses Buch von den jeweiligen Hundebesitzern zur Verfügung gestellt. Die Namen der Fotografen sind im Titel des jeweiligen Erfahrungsberichts angegeben. Die Fotos außerhalb der Erfahrungsberichte weisen die Angaben des jeweiligen Fotografen direkt im Untertitel auf.

Alle Angaben in diesem Buch erfolgen nach bestem Wissen und Gewissen. Sorgfalt bei der Umsetzung ist indes dennoch geboten. Die Autorin übernimmt keinerlei Haftung für Personen-, Sach- oder Vermögensschäden, die aus der Anwendung entstehen könnten.

Inhaltsangabe

Vorwort

Willkommen in der wunderbaren Welt der Havaneser!

Dieses Buch ist mehr als ein Ratgeber über Havaneser. Es ist eine Liebeserklärung an diese süßen Hunde, die jeden mit ihrer Persönlichkeit verzaubern.

Du erfährst alles Wichtige über die kuschelige Rasse, ihre Herkunft, ihre Eigenschaften und ihre Bedürfnisse.
Darüber hinaus lernst du viele stolze Havaneser-Besitzer kennen, die ihre Erfahrungen und Erlebnisse mit dir teilen. Sie geben dir Tipps und verraten Tricks, wie du ein glückliches Zusammenleben mit deinem Havaneser gestalten kannst. Es sind schöne, aufregende aber auch sehr emotionale Berichte.

Ich schreibe dir als „Freundin", die von den gutmütigen Hunden begeistert ist. Ich verwende das „Du" und gendere darüber hinaus nicht, um den Text einfach zu halten.
Ich wünsche dir viel Spaß beim Lesen!
Daniela mit Pablo

Foto links und rechts © Daniela Sickinger

Die Rasse

Geschichte

Lass uns mit der Geschichte der Havaneser starten: Bereits vor vielen Jahrhunderten wurden Havaneser als Begleithunde gezüchtet und erfreuten sich besonders in den wohlhabenden Kreisen großer Beliebtheit. Die genaue Entwicklungsgeschichte ist zwar nicht eindeutig belegt, aber es wird vermutet, dass Havaneser von kleinen mediterranen Hunden abstammen, die von Seefahrern aus der Mittelmeerregion nach Kuba gebracht wurden. Dort wurden die Hunde mit einheimischen Rassen gekreuzt. Es entstand eine sehr robuste und ausgeglichene Begleithunderasse.

Ursprünglich hatten Havaneser verschiedene Verwendungszwecke und Rollen. Neben der Aufgabe als charmanter Begleiter und Schoßhund zu dienen, wurden sie auch für ihre Kunststücke im Zirkus geschätzt.

Mit der Revolution und dem damit einhergehenden Niedergang der Aristokratie sind Havaneser in Kuba zahlenmäßig stark zurückgegangen. Die Rasse war damals kurz vor dem Aussterben. Einzelne Tiere konnten jedoch in die USA gebracht werden. Es heißt, dass dort Dorothy Goodale mit nur elf Havanesern aus unterschiedlichen Blutlinien den Grundstein für die heutige Havaneserzucht gelegt hat. Es wird angenommen, dass fast alle Havaneser, die aktuell in Deutschland gezüchtet werden, in ihrem Stammbaum den Zwingernamen „Havana" von Mrs. Goodale aufweisen. Ich habe mir die Mühe gemacht und Pablos Stammbaum zurückverfolgt. Tatsächlich war es bei Pablo genauso. Wenn auch du Ahnenforschung betreiben möchtest, dann schau dir die Ahnentafel deines Hundes sowie die umfangreiche Datenbank von www.havanesegallery.hu an und verfolge die Spuren zurück in die Vergangenheit. Es ist recht aufwändig, aber teils auch lustig aufgrund der manchmal doch sehr ungewöhnlichen Namen der Hunde, wie zum Beispiel dem von Pablos Opa Chity Chity Bang Bang Mokry Bandito.

Zahlen, Daten und Fakten

Die Fédération Cynologique Internationale, kurz FCI genannt, teilt die von ihr anerkannten Hunderassen in Gruppen und Sektionen ein. Der Havaneser gehört laut FCI zur Gruppe Nr. 9 (Gesellschafts- und Begleithunde) und der Sektion 1.1. (Bichon). Die Rasse wird auch Bichon Havanais oder Bichón Habanero genannt.

In Bezug auf die Größe und ihr Gewicht sind Havaneser kleine Hunde. Sie erreichen eine durchschnittliche Schulterhöhe von 21 bis 29 Zentimetern und wiegen in der Regel zwischen 3,5 und 8,5 Kilogramm. Rüden sind etwas schwerer und größer als Hündinnen. Ihre kompakte Größe macht sie zu perfekten Hunden für die Wohnungshaltung, aber auch zu idealen Reisebegleitern.

© smilla_havaneser

Das Deckhaar ist lang und kann bei einem erwachsenen Tier 12 - 18 cm erreichen. Havaneser besitzen kaum Unterwolle, ein Haarwechsel findet zwischen Sommer- und Winterfell nicht statt. Er haart nicht und wird als hypoallergen bezeichnet. Dies bedeutet, dass Hundehaarallergiker in der Regel nicht allergisch auf ihn reagieren. Näheres dazu im Kapitel „Gesundheit".

Die Fellfarbe kann variieren von weiß, über hellbraun, dunkelbraun, rötlich bis hin zu schwarz. Oft sind Abzeichen im Fell wie beispielsweise eine weiße Brust oder Pfote vorhanden. Die Nasen können schokobraun oder schwarz sein.
Die Lebenserwartung eines Havanesers liegt in der Regel zwischen 13 und 15 Jahren. Mit der richtigen Pflege, regelmäßigen Tierarztbesuchen und einer ausgewogenen Ernährung können Havaneser ein langes und gesundes Leben führen.

Farbentwicklung

Die Entwicklung der Fellfarbe ist wirklich spannend, denn sie kann sich im Laufe der Jahre verändern. Das liegt daran, dass der Havaneser mehrere Farbgene in sich trägt und diese sich unterschiedlich ausprägen können. Das bedeutet aber auch, dass bei der Geburt eines Welpen nicht genau vorausgesagt werden kann, wie er als erwachsener Hund aussehen wird. Einige behalten ihre ursprüngliche Fellfarbe, andere werden mit den Jahren heller oder dunkler und wieder andere bekommen neue Farbnuancen.

Ich zeige dir, wie sich Pablo und Monty entwickelt haben – vom Welpen bis zum erwachsenen Havaneser.

Die Farbentwicklung von Pablo (© Daniela Sickinger)

Farbentwicklung von Monty (© Yvonne Zehle)

Charakterisierung

Sanfte und gutmütige Wesenszüge sind charakteristisch für Havaneser. Sie sind äußerst anhängliche Hunde, die gerne Zeit mit ihren Besitzern verbringen und ihnen nahe sein möchten. Ihre meist unkomplizierte Art macht sie zu wunderbaren Begleitern und ausgezeichneten Familienhunden. Er besitzt in der Regel ein gutes Selbstbewusstsein.

Neben Ihrem Charme zeichnen sich Havaneser durch Ihre Intelligenz und Lernfähigkeit aus. Sie sind äußerst aufmerksam und haben eine natürliche Neugierde, die es ihnen ermöglicht, neue Befehle und Tricks schnell zu erlernen.

Havaneser sind auch äußerst sozial. Mit ihrer geduldigen und einfühlsamen Natur können sie meist problemlos in Mehrhundehaushalten oder Haushalten mit anderen Haustieren, beispielsweise mit Katzen, Hasen oder Meerschweinchen leben. Darüber hinaus sind Havaneser auch für ihr gutmütiges Verhalten gegenüber Kindern bekannt. Sie sind geduldig, tolerant und bilden oft eine enge Bindung zu den jüngsten Familienmitgliedern. Es gibt in diesem Buch ein eigenes Kapitel zum Zusammenleben mit Kindern.

Sie besitzen zudem eine besondere Fähigkeit: Sie sind wahre Meister der Manipulation. Mit ihren großen Augen können sie dich so durchdringend anschauen, dass du ihnen nur schwer einen Wunsch abschlagen kannst.

Havaneser können sehr stur sein. Das fängt damit an, dass sie sich weigern weiterzugehen, wenn es regnet oder sie den von dir gewählten Weg nicht mögen. Anders als einige andere Hunderassen, haben sie keinen stark ausgeprägten „Will to please", das Bedürfnis, dir in allem zu gefallen. Sie sind oft wählerische Esser, die an einigen Tagen einfach nichts fressen wollen, selbst wenn es zu einer Übersäuerung ihres Magens führt.

Mit einer guten Sozialisierung und Erziehung ist der Havaneser ein sehr freundlicher Hund, der auch für Anfänger geeignet ist. Mehr dazu im Kapitel „Welpenzeit" und „Erziehung".

Erfahrungsberichte

Kerstin Kreklau (Instagram Account: kerstinkreklau)
Zwei Havaneser Hündinnen mit unterschiedlichem Temperament

Feebee

Meine beiden Havaneser Hündinnen, Feebee und Leni, sind vom gleichen Züchter und haben den gleichen Vater, aber unterschiedliche Mütter. Sie sind charakterlich zwar sehr verschieden, aber ich liebe sie beide sehr.

Feebee war meine erste Havaneser Hündin. Sie ist die einfühlsamste, die ich kenne. Sie spürt meine Stimmung besser als ich selbst und ist immer für mich da, wenn ich traurig bin. Sie ist meine Seelen-Trösterin. Feebee ist auch sanft wie ein Engel. Wenn sie mich küsst, fühlt es sich wie ein Engelskuss an.

Leni ist meine zweite Havaneser Hündin. Sie ist die kuscheligste, die ich kenne. Sie ist liebevoll, aber gleichzeitig auch ein wilder Teufel, der immer Vollgas gibt. Sie liebt alle Menschen und will immer mit ihnen spielen und schmusen. Wenn sie mich küsst, fühle ich mich wie gebadet.

Leni

Feebee und Leni sind sehr unterschiedlich im Umgang mit anderen Menschen. Feebee ist zu jedem freundlich, aber sie unterscheidet zwischen den Menschen. Sie beobachtet sie erst aus der Ferne und geht nicht zu jedem hin. Sie wirkt unnahbar wie eine kleine Prinzessin.

Leni dagegen ist ein Wirbelwind. Sie findet alle Menschen gleich toll und springt ihnen entgegen. Sie holt sich immer ihre Aufmerksamkeit und lässt sich gerne streicheln. Selbst beim Tierarzt wird sie zur Schmusekatze.

Ich bin sehr glücklich mit meinen beiden Havaneser Hündinnen. Sie sind meine besten Freundinnen.

Sabine Erckens (Instagram-Account: chihuahua_emma0602)
Stella - Eine wunderbare Gefährtin

Stella, das Havaneser-Mädchen meiner Mutter, ist eine treue Begleiterin, die unser Leben mit ihrer tollen und einzigartigen Persönlichkeit bereichert. Mit ihrer lieben Verschmustheit und Freundlichkeit erobert sie die Herzen aller. Sie ist stets an unserer Seite und lässt vor allem ihr Herrchen niemals alleine, besonders während der gemeinsamen Gassirunden.

Stella akzeptiert und liebt jeden in der Familie und bringt mit ihrer fröhlichen Art Freude in unser Zuhause. Natürlich hat sie ihre Vorlieben und Regelmäßigkeiten, nur nicht beim Fressen, aber das macht sie zu einem individuellen und eigenständigen Charakter. Manchmal kann sie auch ein wenig stur sein, besonders wenn sie entschieden hat, dass sie bei Regen lieber nicht Gassi gehen möchte.

Im Gegensatz dazu liebt sie den Schnee über alles und tobt mit Begeisterung darin herum. Der Strand ist ein weiterer Ort, den sie liebt, besonders das Buddeln im Sand. Wasser meidet sie jedoch.

Stella reagiert empfindlich auf laute und unbekannte Geräusche. In solchen Momenten sucht sie sofort Schutz bei ihrem Herrchen, auch um sicherzustellen, dass es allen gut geht.

Streit unter Hunden mag sie überhaupt nicht und geht sogar dazwischen, um zu schlichten. Sie ist eine geduldige und aufmerksame Hündin, die es auch mag, mit uns shoppen zu gehen. Auch das Spielen mit anderen Hunden und ausgiebiges Toben bereitet ihr große Freude. Das Jagen und Fangen von Bällen gehört zu ihren Lieblingsbe-schäftigungen. Dabei bringt sie den Ball manchmal sogar zurück, um ein Leckerli zu verdienen. Sie ist sehr lernfähig und schätzt Anerkennung. Wenn man mit ihr spricht, hört sie gerne zu und nimmt die Worte aufmerksam wahr.

Stella ist eine intelligente Hündin, wenn sie bestimmte Spiele schon zu oft gespielt hat, werden sie ihr mit der Zeit langweilig. Die Grundkommandos wie Sitz, Platz, Komm und Pfötchen beherrscht sie einwandfrei. Sie kann auch Tricks, zum Beispiel auf ihren Hin-terbeinen laufen, wenn es dafür Leckerchen gibt. Obwohl sie manchmal bellt, kläfft sie nicht. Sie knurrt nur selten und das auch nur bei einigen Artgenossen.

Stella hat vorbildliche Manieren und macht nichts kaputt oder zerfetzt irgendwelche Gegenstände. Lange Autofahrten machen ihr kaum etwas aus, sie ist eine entspannte Reisebegleiterin. Diese positiven Eigenschaften machen sie zu einem verlässlichen und angenehmen Familienmitglied.

Daniela Sickinger (Instagram-Account: havaneser_pablo)
Pablo - Mein liebenswerter Hund mit Charakter

Als Welpe war Pablo aufgeweckt und quirlig, stets voller Begeisterung, neue Menschen und Hunde kennenzulernen. Furcht kannte er nicht und seine Neugier trieb ihn zu allem Neuen.

Im Laufe der Zeit ist er ruhiger geworden, vor allem nach seiner Kastration mit 4 Jah-ren. Gegenüber den Menschen, die er seit seiner Welpenzeit kennt, bleibt er herzlich, doch gegenüber Unbekannten zeigt er heute Zurückhaltung. Auch aufdringlichen Hun-den begegnet er nicht mehr mit derselben Offenheit und knurrt gelegentlich, wenn sie ihm zu nahe kommen und an seinem Hinterteil schnüffeln möchten.

Pablo geht immer noch gerne spazieren, aber nur wenn das Wetter für ihn optimal ist, das heißt es darf nicht regnen oder zu warm sein. Im Laufe der Zeit hat er seine Vorlie-ben angepasst und bevorzugt nun gemächlichere Runden. Er erkundet weiterhin neu-gierig seine Umgebung, selbst kleinste Details wie Grashalme und Blätter. Sein Ener-gielevel entwickelt sich während eines Spaziergangs, anfangs ist er etwas träge, aber im Laufe des Gassigehens gewinnt er an Tempo. Es gibt Momente, in denen er sprintet,

dass erinnert mich immer sehr an seine Welpenzeit.

Pablo ist ein sehr entspannter und gelassener Hund. Er fürchtet weder den Staubsauger noch ein Gewitter und auch an Silvester ist er gechillt. Abends genießt er gerne Kuschelzeit, aber nicht den gesamten Tag über. Er liegt am liebsten zu meinen Füßen und erfreut sich an der Nähe.

Unterwegs möchte er oft die Kontrolle über die Route übernehmen und hört nicht immer auf Kommandos. Ein ausgeprägtes Bedürfnis, es anderen recht zu machen, hat er nicht. Stattdessen möchte er seinen Dickkopf durchsetzen. Dennoch ist er ein wahrer Charmeur und versteht es meisterhaft, die Menschen um seine Pfote zu wickeln.

Pablo ist für mich ein außergewöhnlicher Hund, der mir viel Freude mit seiner unverwechselbaren Persönlichkeit bereitet. Ich bin dankbar, dass ich ihn an meiner Seite habe.

Wichtige Entscheidungen

Bin ich bereit für einen Havaneser?

Du solltest nicht nur die finanziellen Aspekte beachten, sondern auch an ein paar deiner Gewohnheiten denken, die du eventuell anpassen oder aufgeben müsstest, um dich bestmöglich um deinen neuen pelzigen Mitbewohner zu kümmern.

Hier sind ein paar Dinge, über die du nachdenken solltest:

- **Abwesenheiten**: Havaneser lieben Gesellschaft und sollten generell nicht zu lange alleine gelassen werden. Mit etwas Übung wird er es schaffen circa 3 - 4 Stunden alleine zu bleiben. Es gibt immer mal wieder Aktivitäten oder Veranstaltungen, bei denen dein Hund nicht dabei sein kann, z.B. Arztbesuche, Konzerte etc.
- **Spontane Reisepläne:** Mit einem Hund benötigst du etwas mehr Planung im Voraus. Du musst dir überlegen, wie du deine Reisepläne gestalten kannst, um deinen Hund sicher und gut betreut zu wissen. Entweder organisierst du einen vertrauenswürdigen Hundesitter oder du wählst hundefreundliche Reiseziele.
- **Zusätzliche Kosten:** Ein Hund bringt nicht nur Freude, sondern auch Kosten mit sich. Du musst unter anderem für Futter, Körbchen, Spielzeug, Leine, Halsband, Impfungen, Wurmkuren, Floh- und Zeckenschutzmittel, Hundesteuer, Hundeschule und eventuell auch für eine Haftpflichtversicherung (unterschiedlich je nach Bundesland) aufkommen. Außerdem kann es sein, dass dein Hund krank wird oder einen Unfall hat und du einen Tierarzt aufsuchen musst. Das kann schnell teuer werden. Deshalb solltest du dir überlegen, ob du dir eine Krankenversicherung für deinen Hund zulegen möchtest oder regelmäßig einen Betrag zurücklegen willst.
- **Regelmäßige Pflege:** Ein Hund muss täglich mehrmals Gassi gehen, egal bei welchem Wetter. Sein Fell muss regelmäßig gebürstet und geschnitten werden. Auch müssen seine Krallen, Zähne und Ohren gepflegt werden.

Hündin oder Rüde?

Links: Hündin Cassie, Rechts: Rüde Pablo
© Daniela Sickinger

Havaneser sind sehr individuell und können sich je nach Erziehung, Umwelt und Persönlichkeit sehr unterschiedlich entwickeln. Natürlich gibt es auch einige allgemeine Unterschiede zwischen Hündinnen und Rüden.

Havaneser Hündinnen werden oft als ruhiger, entspannter und nicht so dominant wie Rüden beschrieben. Sie sollen sich in der Regel auch leichter erziehen lassen und kommen gut mit anderen Hunden aus. Allerdings werden Hündinnen ab einem Alter von 6 - ca. 12 Monaten bis zu zweimal im Jahr läufig. Die Dauer der jeweiligen Läufigkeit kann von Hündin zu Hündin sehr stark variieren. Die Läufigkeit unterteilt sich in vier Phasen: Proöstrus (Vorbrunst, anfängliche Blutungsphase, ca. 8 - 10 Tage, die Hündin ist noch nicht deckbereit, Rüden zeigen schon starkes Interesse, werden aber abgewiesen), Östros (Brunst, in dieser Phase, die auch Hitze genannt wird, ist die Hündin empfängnisbereit, hat mehrere Eisprünge und legt die Rute zur Seite, ca. 5 - 10 Tage), Metöstrus (Nachbrunst, Übergangsphase nach der Hitze, es kann weiterhin zu Blutungen kommen, bis zu 6 Wochen) und danach die Ruhephase bist zur nächsten Läufigkeit auch Anöstrus genannt.

Es besteht die Gefahr einer ungewollten Trächtigkeit oder Scheinschwangerschaft. Bei Hündinnen solltest du dir überlegen, wie du mit den Zeiten der Läufigkeit umgehen möchtest und ob du bereit bist, die zusätzliche Verantwortung und Vorsichtsmaßnahmen während dieser Zeit zu übernehmen.

Havaneser Rüden werden als lebhafter, verspielter, selbstbewusster und sturer beschrieben. Sie neigen dazu, ihr Revier zu markieren und können liebeskrank werden, wenn sie eine läufige Hündin wittern. Dies kann zu Unruhe, Appetitlosigkeit und zu gesundheitlichen Problemen führen.

Rüden können Probleme mit anderen Hunden haben, vor allem mit gleichgeschlechtlichen Artgenossen.

Die Kastration ist oft ein hitzig diskutiertes Thema bei Hundehaltern. Eine Kastration ist ein irreversibler Eingriff, der nur bei medizinischer Indikation oder zur Verhinderung von unkontrollierter Fortpflanzung (z.B. bei Streunern oder Arbeitshunden) durchgeführt werden darf. Aus meiner Sicht ist eine dogmatische Pro- und Contra-Haltung nicht angebracht, sondern man sollte gemeinsam mit dem Tierarzt die individuelle Situation besprechen. Es gibt sowohl Vor- als auch Nachteile einer Kastration, die je nach Hund variieren können. Eine Kastration kann z.B. das Risiko von bestimmten Krankheiten senken oder das Verhalten des Hundes positiv beeinflussen. Sie kann jedoch unerwünschte Nebenwirkungen haben oder das Verhalten des Hundes negativ verändern.

Mittels eines Kastrationschips kann man prüfen, wie sich das Verhalten des Hundes unter einer Kastration verändern würde. Der Kastrationschip ist so groß wie ein Reiskorn und wird vom Tierarzt unter die Haut gesetzt. Der Chip gibt für 6 bzw. 12 Monate Hormone ab, die die Produktion von Sexualhormonen unterdrücken und somit den Rüden unfruchtbar machen.

Pablo und seine Halbschwester Cassy sind sehr unterschiedlich. Cassy ist meist fröhlicher und aktiver als Pablo. Sie liebt es, mit ihrem Ball zu spielen und ist sehr auf ihre Menschen bezogen. Pablo ist gelassener und erkundet mehr die Umwelt. Beide sind sehr neugierig und freundlich zu allen Lebewesen. Cassy ist etwas ängstlicher als Pablo.

Cassy war nach einer Läufigkeit scheinschwanger, was ihr sehr zu schaffen machte. Sie fraß nichts mehr und verhielt sich ruhiger und war fast ein wenig depressiv. Sie war müder als sonst, wollte nicht spielen und hatte auch weniger Appetit. Sie brauchte viel Zuwendung und Trost von ihren Menschen.

Pablo war vor seiner Kastration sehr oft liebestoll und fraß dann noch weniger als sonst. Er wollte immer nach draußen und suchte die läufige Hündin. Er hatte auch sehr oft in dieser Zeit eine Magenschleimhautentzündung und erbrach sich häufig. Nach seiner Kastration wurde er ruhiger, ausgeglichener, aber auch etwas fauler. Er hat auch kein Interesse mehr an läufigen Hündinnen und spielt nicht mehr mit jedem Hund.

Es gibt kein richtig oder falsch, wenn es um die Wahl des Geschlechts geht. Und die charakterliche Beschreibung dient nur als Anhaltspunkt. Jeder Hund ist individuell. Wichtig ist, dass du dich für einen Hund entscheidest, der zu dir und deinem Lebensstil passt.

Adoptieren oder kaufen?

© aladdin_the_havanese   © havaneser_pablo

Adoption

Es besteht die Möglichkeit, einen Havaneser aus einem Tierheim, einer Pflegestelle oder einer Rettungsorganisation zu adoptieren. Durch eine Adoption schenkst du einem Hund ein neues Zuhause und eine zweite Chance. Havaneser oder Havaneser-Mischlinge sind zwar aufgrund ihrer Beliebtheit nicht häufig in Tierheimen anzutreffen, dennoch gibt es Situationen, in denen auch sie abgegeben werden. Dies kann vorkommen, wenn beispielsweise der vorherige Besitzer schwer erkrankt, verstirbt oder sich die Lebensumstände stark verändern, wie im Falle einer Scheidung. Es findet sich dann vielleicht niemand im engen Umfeld, der den kleinen Hund aufnehmen kann. In solchen Fällen kannst du einem bereits gut sozialisierten (erwachsenen) Havaneser eine neue Chance bieten. Falls dein Havaneser jedoch aus einer Sicherstellung stammt oder sogar ausgesetzt wurde, ist es wahrscheinlich, dass er noch nicht viel Erfahrung hat und möglicherweise unter Vernachlässigung gelitten hat. Der Aufwand für dich könnte in solchen Fällen sehr hoch sein.

Um passende Tierheime oder Rettungsorganisationen in deiner Nähe zu finden, die Havaneser oder Havaneser-Mischlinge zur Adoption anbieten, solltest du am besten online recherchieren und bei Organisationen anrufen. Es ist entscheidend, die Hunde persönlich kennenzulernen und dich mit dem Personal auszutauschen, um sicherzugehen, dass du den besten Gefährten für dich auswählst.

Der richtige Hund für Dich?
5 Fragen an das Tierheim / die Pflegestelle

- **Wurde der Hund gefunden, sichergestellt oder abgegeben?**
- **Gibt es Informationen zu seiner Vergangenheit?**
- **Wie verhält er sich gegenüber Menschen, Kindern und Tieren? (Je mehr du über das Wesen und die Bedürfnisse des Hundes weißt, desto besser kannst du beurteilen, ob er zu deinem Lebensstil passt).**
- **Gibt es Informationen zur Gesundheit des Hundes? Ist er kastriert oder sterilisiert?**
- **Kann ich mit Problemen zu euch kommen? (Gute Tierheime sind immer daran interessiert, dich bei der Eingewöhnung und Erziehung des Hundes zu unterstützen).**

Züchter

Wenn du dich für einen Havaneser von einem Züchter entscheidest, ist es wichtig, dass du einen vertrauenswürdigen und seriösen Züchter findest. Schau dich am besten online bei den Zuchtverbänden um, frage Besitzer von Havanesern nach ihren Erfahrungen und vergleiche Bewertungen sowie Empfehlungen. Es ist ratsam, einen guten Züchter in deiner Nähe zu finden, um beispielsweise die erste Autofahrt am Abholtag für alle Beteiligten möglichst kurz und recht stressfrei zu gestalten. Plane auch Zeit ein, um die Züchter, die in die engere Wahl kommen, persönlich zu treffen und überprüfe dabei die Lebensbedingungen der Hunde. So kannst du sicherstellen, dass die Hunde liebevoll versorgt werden und in einer gesunden Umgebung aufwachsen. Achte darauf, dass die Züchter gute Zuchtstandards einhalten und sich um das Wohl der Hunde kümmern. Es gibt auch Züchter, die Havaneser Mixe züchten, wie zum Beispiel Havapoo (Havaneser + Pudel) oder Havachon (Havaneser + Bichon Frisé). Sie gehören in der Regel keinem Zuchtverband an und werden von diesen als unseriös betrachtet. Falls du ein Mix bevorzugst, informiere dich bitte genau über die Elterntiere und deren Gesundheitszustand. Im Kapitel „Welpenzeit" findest du weitere Infos.

Reinrassig oder Mischling?

Über reinrassige Havaneser habe ich bereits geschrieben. Hier wird es nun um Mischlinge gehen, die zu mindestens 50% Havanesergene in sich tragen.

Es ist wichtig zu beachten, dass jedes Individuum einzigartig ist und bestimmte Merkmale der Elterntiere unterschiedlich stark ausgeprägt sein können. Daher können diese Unterschiede von Hund zu Hund variieren.

Überblick über einige Havanesermischlinge und ihre Bezeichnungen:

Havalonka:	**Havaneser + Bolonka**
Havapoo:	**Havaneser + Pudel**
Havamalt:	**Havaneser + Malteser**
Havachon:	**Havaneser + Bichon Frisé**
Havaton:	**Havaneser + Coton de Tuléar**

Gemeinsamkeiten:

- **Größe**: Die meisten Havaneser-Mixe sind kleine bis mittelgroße Hunde.
- **Verspieltheit**: Havaneser sind bekannt für ihre lebhafte und verspielte Natur, diese Eigenschaft wird oft an ihre Mischlinge weitergegeben.
- **Anpassungsfähigkeit**: Havaneser-Mixe können sich gut an verschiedene Lebensumstände anpassen und sind oft sowohl in Wohnungen als auch in Häusern glücklich.
- **Geselligkeit**: Sie sind in der Regel freundlich und sozial gegenüber Menschen und anderen Tieren.

Unterschiede:

- **Aussehen**: Jeder Mix kann verschiedene Merkmale der Elterntiere erben und daher unterschiedlich aussehen. Zum Beispiel kann das Fell variieren, ebenso wie die Körperstruktur und die Gesichtszüge.
- **Charaktereigenschaften**: Obwohl sie einige gemeinsame Eigenschaften haben, kann der Einfluss des anderen Elternteils zu individuellen Unterschieden im Temperament und Verhalten führen. Ein Havachon (Havaneser + Bichon Frisé) kann zum Beispiel etwas verspielter und neugieriger sein, während ein Havamalt (Havaneser + Malteser) möglicherweise ruhiger und anhänglicher ist.
- **Pflegebedarf**: Das Fell der Mischlinge kann unterschiedliche Pflegeanforderungen haben. Ein Havapoo (Havaneser + Pudel) mit einem lockigen Fell kann regelmäßiges Bürsten und gelegentliches Trimmen benötigen, während ein Havaton (Havaneser + Coton de Tuléar) mit langem, seidigem Fell möglicherweise häufigeres bzw. tägliches Bürsten erfordert.

Erfahrungsberichte

Sabine M.

Yuna, mein Schatten

Ich möchte dir von meiner Hündin Yuna erzählen. Sie ist eine Mischung aus Havaneser und Bolonka und sieht aus wie eine kleine Wundertüte. Sie hat weißes Fell mit zwei schwarzen Ohren, die sie erst nach und nach bekommen hat. Sie ist jetzt 18 Monate alt und stammt aus einer Hobbyzucht.

Ich habe mich für Yuna entschieden, weil ich wieder einen kleinen, leichten Hund haben wollte. Vorher hatte ich einen Westie, der 18 Jahre und 2 Monate alt wurde. Er war mein treuer Begleiter, aber am Ende seines Lebens musste ich ihn oft tragen.

Ich habe mich über verschiedene Rassen informiert und fand den Havaneser sehr sympathisch. Er hat fast die gleiche Größe wie mein Westie und ist sehr freundlich und verspielt. Aber ich fand keinen Züchter in meiner Nähe. Dann entdeckte ich auf ebay Kleinanzeigen eine Anzeige von einer Hobbyzüchterin. Ich fuhr hin, um mir die Welpen anzuschauen.

Ich war sofort verliebt in Yuna. Sie war die kleinste von allen und sah so süß aus mit ihren schwarzen Knopfaugen. Ihre Mutter war eine Bolonka-Hündin und ihr Vater ein Havaneser-Rüde. Die Züchterin erzählte mir, dass sie sehr ruhig und verschmust sei. Das passte perfekt zu mir.

Drei Wochen später nahm ich Yuna mit nach Hause und seitdem ist sie mein Schatten. Sie folgt mir überall hin und schläft gerne auf meinem Schoß. Sie ist sehr brav und bellt kaum. Sie meldet sich nur, wenn sie mit meiner Tochter spielt.

Yuna ist auch sehr lernfähig und neugierig. Sie hat schnell gelernt, alleine zu bleiben, an der Leine zu gehen und auf Kommandos zu hören. Autofahren war am Anfang ein Problem für sie, aber wir haben es mit kurzen Strecken und einem Hundesitz erst auf dem Beifahrersitz und später auf dem Rücksitz geübt. Jetzt fährt sie gerne mit mir im Auto und schaut aus dem Fenster.

Yuna ist mein Sonnenschein und ich bin sehr glücklich mit ihr. Sie bereichert mein Leben jeden Tag mit ihrer Fröhlichkeit und ihrem Charme. Sie ist eine tolle Mischung aus Havaneser und Bolonka. Ich gebe sie nicht mehr her.

Andrea Korte (Instagram Account sir.niks)
Mein Vergleich zwischen Joy (Malteser) und Niks (Malteser-Havaneser-Mix)

Ich hatte bzw. habe das Glück, zwei wunderbare Hunde in meinem Leben zu haben: Joy, eine reinrassige Malteserhündin, die leider verstorben ist, und Niks, einen quirligen Malteser-Havaneser-Mix, der mich jetzt begleitet. Beide Hunde haben ihren eigenen Charakter und ihre eigenen Vorlieben, aber auch einige Gemeinsamkeiten.

Links: Niks, Rechts: Joy

Joy war eine genügsame und aufgeweckte Hündin, die gerne bellte und sehr intelligent war. Sie war gut sozialisiert und verstand sich mit den meisten anderen Hunden, Katzen und weiteren Haustieren. Spaziergänge waren ihr nicht so wichtig, sie war lieber zu Hause und schaute aus dem Fenster. Wenn wir rausgingen, brauchten wir viel Zeit, denn sie war sehr neugierig und wollte alles genau untersuchen.

Niks ist ein lebhafter und verschmuster Hund, der unheimlich liebesbedürftig und verspielt ist. Er ist auch sehr intelligent und einfühlsam, ein echter Therapiehund. Er braucht viel körperliche und geistige Beschäftigung, denn er ist sportlich und aktiv. Er liebt lange Spaziergänge und rennt gerne herum.

Der deutlichste Unterschied zwischen den beiden Hunden zeigt sich im Aussehen. Beide Hunderassen sind zwar klein, aber der Havaneser ist etwas kräftiger als der Malteser. Außerdem hat der Havaneser nicht nur weißes Fell, sondern auch andere Farben, während der Malteser reinweiß ist.

In der Erziehung hatte ich bei beiden Hunden richtig Glück, denn sie waren aufgeweckt und neugierig. Sie lernten schnell und waren gehorsam. Natürlich hatten sie auch mal ihren eigenen Kopf, aber das machte sie nur noch liebenswerter.

Ich bin dankbar für die Zeit, die ich mit Joy verbringen durfte, und für die Freude, die Niks mir jeden Tag bereitet. Sie sind beide einzigartig und wertvoll für mich.

Niks

Welpenzeit

Züchterwahl

Ein guter Züchter legt Wert auf die Gesundheit, das Wesen und die Rassestandards seiner Hunde und kümmert sich um eine optimale Sozialisierung der Welpen. Der Welpe sollte frühzeitig an verschiedene Menschen, andere Hunde und unterschiedliche Umgebungen gewöhnt werden, um Vertrauen und Gelassenheit aufzubauen. Auch sollte er lernen, dass er sich überall am Körper anfassen lässt und, dass die Bürste nicht sein Feind ist. Das ist zum Beispiel für den Besuch beim Tierarzt oder beim Hundefriseur wichtig.

Der Züchter sollte Mitglied in einem anerkannten Zuchtverein, wie zum Beispiel dem Verband Deutscher Kleinhundezüchter (im VDH und in der FCI) sein und sich an die Zuchtordnung und die Richtlinien für die Welpenaufzucht halten. Er lässt seine Zuchthunde regelmäßig tierärztlich untersuchen und testet sie auf mögliche Erbkrankheiten wie Patellaluxation (PL), Hüftdysplasie (HD), Ellbogendysplasie (ED) und Augen- bzw. Herzkrankheiten. Dies kann er dir auch bescheinigen. Diese Untersuchungen geben dir eine gewisse Sicherheit. Zu 100% kann jedoch auch dadurch nicht ausgeschlossen werden, dass dein Havaneser nicht doch an einer dieser Krankheiten leiden kann.

Der Züchter gibt gerne Auskunft über die Elterntiere und zeigt dir die Ahnentafel der Welpen. Er lädt dich zu mehreren Besuchen ein, damit er dich und du die Eltern, die Welpen und ihre Umgebung kennenlernen kannst. Er berät dich bei der Auswahl des passenden Welpen und gibt Tipps für die Eingewöhnung und Erziehung. Er steht dir auch nach der Abgabe des Welpen mit Rat und Tat zur Seite und freut sich über den Kontakt zu seinen ehemaligen Schützlingen.

9 Anzeichen für einen unseriösen Züchter.

- Er stellt keine Fragen, um herauszufinden, ob du der Aufgabe einen Welpen groß zu ziehen, gewachsen bist.
- Die Welpen sind in einem schlechten Zustand (dünn, schwach, verschmierte Augen, mattes Fell, kein Spieltrieb)
- Er wehrt einen Besuch bei ihm zu Hause ab und möchte dir den Welpen vorbei-bringen oder sich mit dir auf einem Parkplatz o.ä. zur Übergabe treffen
- Er hat keine Papiere oder Gesundheitsnachweise für die Hunde und den Wel-pen
- Er zeigt dir nicht das Muttertier
- Er hat mehrere Hunderassen im Angebot oder wechselt diese häufig
- Er ist nicht Mitglied in einem Zuchtverband oder kann keine Zuchterlaubnis vorweisen
- Er sozialisiert den Welpen nicht, das heißt der Welpe lernt nicht die Geräusche des Alltags, unterschiedliche Menschen und andere Umgebungen kennen
- Er möchte dir das Tier so früh wie möglich geben (unter 8 Wochen).

Unverzichtbare Dinge für den Welpen

- Körbchen und eine Decke
- Beistellbett oder Kinderreisebett
- Leine, Geschirr oder Halsband
- Näpfe für Wasser und Futter
- Spielzeuge
- Bürste / Kamm / Flohkamm / Fellschere mit abgerundeten Spitzen
- Zeckenhaken
- Transportbox
- Welpengitter
- Kinderbadewanne
- Futter

Welpenausstattung

Als Erstausstattung benötigst du:

- Ein **Körbchen**, wo er sich tagsüber zurückziehen und schlafen kann. Am besten legst du etwas hinein, das nach seiner Mutter oder seinen Geschwistern riecht, um ihm die Umstellung zu erleichtern.

- Eine **Decke**, die du auch mitnehmen kannst, zum Beispiel in ein Restaurant oder zu Besuchen bei Freunden. Diese Decke signalisiert deinem Hund, dass er sich darauf ablegen und zur Ruhe kommen kann (das muss jedoch geübt werden).

- Für die Nacht in der ersten Zeit bietet sich ein **Beistellbett** oder ein **Kinderreisebett** an. Dort ist der Welpe sicher und kann sich umdrehen und bequem liegen.

  In der Regel wird ein Hund seinen Schlaf- und Ruhebereich sauber halten und dir anzeigen, wenn er mal muss.

  In vielen Ratgebern wird noch eine geschlossene Box für die Nachtruhe empfohlen. Seit dem 1.1.2022 ist es jedoch laut Tierschutzgesetz nur noch unter bestimmten Voraussetzungen erlaubt einen Hund in einer Box oder Käfig unterzubringen. Mindestgrößen sind festgelegt: Der Hund muss stehen, sitzen, liegen und sich drehen können. Die Unterbringung darf nur vorübergehend erfolgen, z.B. während einer Autofahrt oder einer Tierarztbehandlung. Dies bedeutet, dass die Unterbringung in einer Box die ganze Nacht über verboten ist.

- Eine **Leine** und ein **Geschirr (oder Halsband)**, um ihn sicher an der Straße oder in fremden Umgebungen zu führen. Achte darauf, dass sie gut passen und nicht zu eng oder zu locker sind. Falls ein Welpe zu stark zieht, könnte ein Geschirr am Anfang besser geeignet sein als ein Halsband, um den Druck auf die Atemwege und den Hals zu minimieren. Gut ist es auch, wenn Geschirre verstellbar sind und etwas mitwachsen und darüber hinaus nicht über den Kopf gezogen werden müssen, da viele Hunde dies nicht mögen.

- Ein **Napf für Wasser** und ein **Napf für Futter,** die du an einem festen Platz aufstellst. Am besten mit einer abwaschbaren Unterlage. Wasser solltest du den ganzen Tag über anbieten, beim Futter gibt es wiederum unterschiedliche Ansätze. Einige stellen Trockenfutter den ganzen Tag zur freien Verfügung, andere haben regelmäßige Fresszeiten. Probiere es aus, was für euch am besten passt.

- Einige **Spielzeuge**, wie zum Beispiel Bälle oder Kauspielzeuge, um ihn zu beschäftigen und seine Neugier zu fördern. Achte darauf, dass sie keine verschluckbaren Teile haben.
  Es kann sein, dass dein Welpe bei quietschendem Spielzeug vollkommen überdreht. Probiere es aus, wenn er ausrastet und danach nur sehr schwer zur Ruhe kommt, würde ich darauf verzichten.

- Eine **Bürste,** einen **Kamm und einen Flohkamm,** um sein Fell regelmäßig zu pflegen und Verfilzungen aufzulösen. Havaneser haben Fell, das viel Aufmerksamkeit braucht. Du solltest ihn schon früh daran gewöhnen, stillzuhalten, wenn du ihn bürstest oder kämmst. Mehr dazu im Kapitel „Pflege".

- Eine **Fellschere** mit abgerundeten Spitzen, um Verletzungen zu vermeiden, falls dein Hund sich beim Schneiden bewegt. Pass beim Schneiden auch auf die Zunge deines Havanesers auf, er leckt manchmal an den Orten, an denen du seine Haare schneiden willst.

- Eine Zeckenzange, **Zeckenhaken** oder Zeckenkarte (ich kann am besten mit dem Zeckenhaken umgehen).
- Eine **Transportbox** oder eine Tasche, um ihn sicher im Auto oder in öffentlichen Verkehrsmitteln mitzunehmen. Gewöhne ihn langsam an die Box oder Tasche, indem du sie mit einer Decke auslegst und ihn mit Leckerlis hineinlockst.
- Sichere Bereiche in deiner Wohnung oder Haus mit **Welpengittern** falls er nicht überall hingehen soll oder es gefährlich für ihn werden kann, z.B. an Treppen, am Kamin.
- Eine **Kinderbadewanne** oder flache Duschwanne erleichtert das Baden bzw. Abduschen des Welpen. Falls ein Shampoo notwendig ist, immer ein spezielles für Hunde benutzen.
- Am besten fütterst du erst einmal das gleiche **Futter**, das er beim Züchter bekommen hat, um Magenprobleme zu vermeiden. Wenn du das Futter wechseln möchtest, solltest du das erst nach ein paar Wochen tun und das neue Futter langsam unter das alte mischen. Achte darauf, dass du ein hochwertiges Welpenfutter wählst, das speziell auf die Bedürfnisse von kleinen Hunden abgestimmt ist. Ich rate aufgrund meiner Erfahrung mit Pablos Allergien und dem Austausch mit vielen Havaneserbesitzern davon ab, das Futter ständig zu wechseln und viele unterschiedliche Fleischsorten anzubieten.

  Auch lasse deinen Welpen niemals mit Kauartikeln alleine. Mir ist es einmal passiert, dass Pablo auf einem sogenannten Welpenstick kaute, als es bei uns an der Tür klingelte. Er wollte neugierig zur Tür, mochte aber auch seinen Stick nicht liegen lassen und versuchte ihn in einem Stück herunterzuschlingen. Der Stick blieb ihm im Hals stecken. Pablo schrie schrecklich, das ging mir durch Mark und Bein. Ich habe ihm dann den Fremdkörper aus dem Schlund gezogen und war wirklich fix und fertig. So etwas will ich nicht wieder erleben. Welpensticks waren für Pablo danach tabu und noch heute sitze ich direkt neben ihm oder halte den Kauartikel für ihn aufgrund dieser grauenhaften Erfahrung.

Vorbereitung

Wenn du nicht alleine lebst, solltest du dich mit deiner Familie oder deinen Mitbewohnern über die Erziehung und Betreuung des Welpen absprechen. Legt gemeinsam Regeln fest, wie zum Beispiel: Wo darf der Welpe schlafen? Wo darf er sich aufhalten? Wer geht wann mit ihm Gassi? Wer füttert ihn? Wer spielt mit ihm? Wie heißen die Kommandos? So vermeidet ihr Verwirrung und Konflikte und sorgt für eine klare Struktur für den Welpen.

Die ersten Tage mit deinem Welpen sind wichtig für die Bindung zwischen euch. Deshalb solltest du dir genügend Zeit nehmen, um dich um ihn zu kümmern und ihm die neue Umgebung zu zeigen. Vermeide zu viel Besuch oder Lärm, weil es den Welpen überfordern könnte. Bleibe möglichst viel zu Hause oder nimm den Welpen mit, wenn du weggehst. Gewöhne ihn langsam an das Alleinsein, indem du ihn kurz in einem sicheren Raum zurück lässt und dann wieder kommst. Lobe ihn, wenn er ruhig bleibt.

4 TIPPS FÜR EINEN ENTSPANNTEN ABHOLTAG

- **Nimm für den Transport eine Transportbox mit. Diese sollte groß genug sein, dass der Welpe darin stehen, liegen und sich drehen kann. Lege eine Decke hinein, die nach dem Züchter oder den Geschwistern riecht.**
- **Je nachdem wie weit die Fahrt ist, solltest du etwas Futter und Wasser mitnehmen. Achte darauf, dass du ihm nicht zu viel auf einmal fütterst, um Übelkeit oder Erbrechen zu vermeiden. Mache regelmäßig Pausen.**
- **Um deinem Welpen die Fahrt angenehmer zu gestalten, kannst du ihm ein Kauspielzeug oder Stofftier mitbringen. So kannst du ihn ablenken und beschäftigen. Von Kauartikeln aus Fleisch möchte ich abraten, besser ist ein Tauspielzeug.**
- **Bevor du deinen Welpen mitnimmst, solltest du vom Züchter alle wichtigen Papiere und Gesundheitsnachweise erhalten. Dazu gehören der Kaufvertrag, der Stammbaum, der Impfpass, das Ergebnis der ersten Tierarztuntersuchung (Gesundheitszeugnis) und ggf. die Gesundheitszeugnisse der Elterntiere. Bewahre diese Dokumente gut auf.**

Welpeneinzug

Die ersten Tage mit deinem Havaneser Welpen sind bestimmt sehr aufregend, aber auch sehr anstrengend - für dich und für ihn. Er muss sich an eine neue Umgebung, neue Menschen und neue Regeln gewöhnen. Du musst ihm viel Liebe, Geduld und Konsequenz entgegenbringen.

Hier sind einige Tipps für die ersten Tage:

- **Gib deinem Welpen Zeit** sich einzuleben. Überfordere ihn nicht mit zu vielen Reizen oder Besuchern. Lass ihn sein neues Zuhause in Ruhe erkunden und begleite ihn dabei.
- **Zeig ihm seinen Schlafplatz und seinen Futterplatz**. Lobe ihn, wenn er sie benutzt.
- **Führe ihn r**e**gelmäßig nach draußen**, um sein Geschäft zu erledigen. Am besten nach jedem Schlafen, Spielen, Essen und Trinken. Lobe ihn überschwänglich, wenn er sich draußen löst. Schimpfe nicht mit ihm, wenn er mal in die Wohnung macht. Er kann seine Blase noch nicht so gut kontrollieren. Havaneser sind bekannt dafür, dass sie erst später als andere Rassen stubenrein sind. Nicht verzweifeln, er wird es lernen
- Anfangs soll der Welpe nur auf ganz **kurze Gassigänge** mitgenommen werden. Richtwert ist 5 Minuten pro Lebensmonat. Steigere daher die Zeit nur langsam. Faustregel: Lieber öfter, dafür kürzere Gassigänge. Damit schonst du seine Gelenke, Knochen, Sehnen und Bänder. Spätfolgen werden vermieden. Das gleiche gilt für Treppen. Im ersten Lebensjahr ist es besser ihn Treppen hoch und runter zu tragen..
- **Spiele mit ihm**, aber **achte auch auf seine Ruhezeiten.** Ein Welpe braucht viel Schlaf, um gesund zu wachsen. Welpen schlafen in der Regel mehr als 20 Stunden.
- Fange schon früh an, ihm seinen Namen beizubringen. Rufe ihn immer freundlich und belohne ihn mit Leckerlis, Streicheleinheiten oder einem Spielzeug, wenn er zu dir kommt.
- **Gewöhne ihn an verschiedene Geräusche, Menschen und Tiere.** Sei dabei immer positiv und entspannt.
- Beginne mit der **Erziehung von Anfang an**. Setze klare Grenzen und sei konsequent. Belohne gutes Verhalten. Mehr dazu im Kapitel „Erziehung"

Welpenfrust / Welpenblues

Es kann sein, dass du nach ein paar Tagen oder Wochen mit deinem Welpen ein Gefühl von Überforderung oder Zweifel bekommst. Das nennt man auch Welpenblues. Du fragst dich vielleicht: Habe ich die richtige Entscheidung getroffen? Kann ich dem Welpen gerecht werden? Warum hört er nicht auf mich? Warum beisst er mir ständig in die Füße? Warum kommt er abends nicht zur Ruhe? Warum konnte ich Kinder erziehen, aber keinen Hund? Das ist ganz normal und geht vielen Hundebesitzern so. Du bist nicht allein! Es wird leider nur nicht offen darüber gesprochen.

Eine Umfrage unter 150 Hundebesitzern auf meinem Instagram Kanal havaneser_pablo hat ergeben, dass 60% der Befragten das Gefühl der Überforderung kennen.

Leider passiert es häufiger, dass in dieser Zeit des „Welpenfrusts" ein Hund zum Züchter zurückgebracht wird, da die neuen Besitzer sich der neuen Situation nicht gewachsen fühlen.

© Daniela Sickinger

Es ist wichtig, sich selbst nicht zu sehr unter Druck zu setzen oder von den Meinungen anderer verunsichern zu lassen. Jeder Hund ist einzigartig und es gibt keine "Einheitslösung", die auf alle zutrifft. Vertraue auf deine Fähigkeiten und beobachte, was für dich und deinen Hund am besten funktioniert. Ich rate dir, auf dein Bauchgefühl zu hören.

Sei stolz auf dich selbst und lege nicht zu hohe Maßstäbe an. Du machst einen tollen Job als Hundebesitzer! Atme tief durch und bleibe ruhig. Es ist nur eine Phase und es wird besser werden.

Sozialisierung

In der Prägephase eines Welpen, das heißt in den ersten drei bis vier Monaten seines Lebens, ist es besonders wichtig, ihn positiven Erfahrungen auszusetzen und somit seine Sozialisierung zu fördern. Es gibt bestimmte Aspekte, die besonders relevant sind, wie der Kontakt mit unterschiedlichen Artgenossen, Menschen, Umgebungen, Geräuschen und Alltagssituationen. Achte darauf, dass die Erfahrungen angenehm und nicht überfordernd sind. Die Prägephase ist auch nicht die einzige Möglichkeit, einen Hund gut zu sozialisieren. Dieser Prozess läuft stetig ein Leben lang.

8 Ideen für eine gute Sozialisierung

- **Soziale Interaktionen: Lasse deinen Welpen mit anderen gut sozialisierten Hunden interagieren.**
- **Menschenbegegnungen: Ermögliche ihm positive Begegnungen mit verschiedenen Menschen, einschließlich Kindern, Erwachsenen und älteren Menschen.**
- **Umwelterfahrungen: Führe ihn behutsam an verschiedene Umgebungen heran, wie z. B. Parks, Straßen, Geschäfte oder öffentliche Plätze.**
- **Alltagsgeräusche: Lass deinen Welpen sich behutsam an verschiedene Alltagsgeräuschen wie Staubsauger, Türklingel oder Autoverkehr gewöhnen.**
- **Handling-Übungen: Gewöhne deinen Welpen an das Berühren seiner Pfoten, Ohren, Zähne usw.**
- **Fange an ihn zu kämmen und die Zähne zu putzen**
- **Verschiedene Untergründe: Lasse deinen Welpen über verschiedene Untergründe, wie Gras, Sand, Teppich oder Asphalt, gehen.**
- **Transportmittel: Gewöhne deinen Welpen an das Reisen in Autos, Zügen oder anderen öffentlichen Verkehrsmitteln.**
- **Neue Erfahrungen: Biete deinem Welpen die Möglichkeit neue Erfahrungen zu machen, wie zum Beispiel das Kennenlernen anderer Tiere oder das Teilnehmen an qualitativ hochwertigen Welpenstunden.**

Welpenstunde

© Yvonne Zehle

Es ist ratsam bezüglich einer optimalen Welpenstunde einige Dinge zu beachten, um deinem kleinen Liebling gute Erfahrungen zu ermöglichen.

Hier sind einige Tipps:

• Packe ein **Geschirr** (oder ein **Halsband**), eine **Leine, viele kleine Leckerli**, eine **Decke**, **Wasser** und das **Lieblingsspielzeug** deines Welpen ein. So bist du für alle Situationen gerüstet und dein Welpe fühlt sich wohl und sicher.

• Schau dir die Welpengruppe erst ohne deinen Hund an. So kannst du die **Qualität der Welpenstunde hinterfragen** und sehen, ob sie zu deinem Hund passt. Achte darauf, dass Welpen und Junghunde nicht zusammen sind, sondern nach Größe und Alter getrennt werden. Havaneser mögen es oft nicht, wenn größere Hunde mit den Pfoten im Spiel von oben auf sie zukommen, daher sollten sie in Welpengruppen mit ähnlich kleinen Hunden spielen bzw. mit Hunden, die ein ähnliches Spielverhalten zeigen.

• Achte darauf, dass die Welpengruppe nicht zu groß ist und dass die Hunde **nicht unkontrolliert toben**. Dein Welpe braucht auch deine Aufmerksamkeit und Schutz, vor allem wenn er etwas ängstlich ist. Gib ihm die Möglichkeit, sich zurückzuziehen oder zu dir zu kommen, wenn er genug hat. Wenn er es möchte, lasse ihn sich zwischen deine Beine stellen und wehre vorsichtig mit den Händen andere zu aufdringliche Welpen ab.

• Eine gute Welpenstunde besteht nicht nur aus freiem Spiel. Dein Welpe soll auch etwas lernen und neue Dinge entdecken. Ein Abenteuerparcours mit verschiedenen Untergründen, Geräuschen und Hindernissen kann deinem Welpen helfen, seine Umwelt besser kennenzulernen und seine Sinne zu schärfen. Außerdem kannst du mit ihm einfache Erziehungsübungen ausführen, wie Sitz, Platz oder Komm.

- Der Besuch einer Welpenstunde ist eine wichtige Phase in der Entwicklung deines Hundes. Mit einer guten Welpenstunde ermöglichst du deinem Hund einen guten Start ins Leben und legst die Basis für eine harmonische Beziehung. Eine schlechte Welpenstunde kann jedoch großen Schaden anrichten.

Erfahrungsberichte

Daniela Sickinger (Instagram-Account: havaneser_pablo)
Der erste Tag mit Pablo: Ein unvergessliches Erlebnis

Die Zeit vor dem Abholtag war sehr aufregend. Wir hatten im Juli zum ersten Mal Kontakt mit der Züchterin und waren auch vor Ort. Wir bekamen ein umfangreiches Bild von der Zucht und konnten die Elterntiere kennenlernen. Nach der Geburt von Pablo im September durften wir ihn mehrere Male besuchen, bekamen Berichte und regelmäßig Fotos. In der Zeit hatten wir mit der Züchterin oft Kontakt und haben viele Fragen gestellt.

Pablo wuchs mitten in der Familie auf, ein großer Garten stand zur Verfügung und seine Geschwister, Mutter und Vater sowie weitere Hunde waren immer da. Er lernte unterschiedliche Geräusche und Menschen kennen. Als er 11 Wochen alt war, haben wir ihn Ende November abgeholt.

Er war geimpft, gechipt und entwurmt. Mir wurde auch sein Impfpass, seine Ahnentafel und etwas Futter sowie eine Decke mit dem Geruch der Mutter mitgegeben.

Dann war es Zeit für den Abschied. Er war kurz und schmerzlos.

Ich setzte Pablo in die Transportbox auf dem Rücksitz des Autos und mich direkt daneben. Er mochte es aber nicht, alleine in der Box zu sein. Er jaulte, kratzte und versuchte oben herauszukommen. Er wollte lieber bei mir sein. Ich nahm ihn auf den Schoß. Er beruhigte sich sofort und kuschelte sich an mich. Ich spürte seine Wärme und seinen Herzschlag. Er war so süß.

Wir fuhren los. Auf dem Weg nach Hause sprach ich mit ihm und streichelte ihn sanft. Er schlief ein.

Die ersten Wochen waren aufregend, aber auch sehr anstrengend. Draußen war es kalt und sehr stürmisch. Ich stand mit den Welpen ständig im Regen und er verstand am Anfang nicht, was ich draußen von ihm wollte. Wenn wir wieder drinnen waren, löste er sich sofort auf dem Parkett. Abends, wenn ich nur noch auf die Couch wollte, dreht er erst so richtig auf. Er biss in jeden Fuß und rannte wild in der Wohnung herum. Ich war sehr müde und immer auf dem Sprung, wenn Pablo sich bewegte. Ich nahm mir damals vor, nie mehr einen „Winterwelpen" zu nehmen, Sauberkeitserziehung im Frühling oder Sommer erschien mir sehr viel einfacher.

Nach circa 14 Tagen kam der Welpenblues mit Selbstzweifeln und Traurigkeit. Fast hätte ich Pablo zurückgebracht. Vielleicht hätte ich es auch getan, wenn meine Tochter mich nicht daran erinnert hätte, dass ich sie immer bitte, die Welt positiv zu sehen.

Mit der Zeit wurde es viel besser und heute würde ich ihn niemals mehr hergeben. Es ist unglaublich, wie schnell man sich an eine Hundeseele gewöhnt und wie groß die Liebe werden kann.

Marion Williams (www.blogmitwuff.de)

Ein quirliger Welpe als Zweithund, stellt unser Leben auf den Kopf

Wir haben diesen Sommer Bella als Zweithund vom Züchter abgeholt. Die Fahrt dauerte mit Pausen circa vier Stunden. Bella war am Anfang sehr quirlig, hat sich aber recht schnell entspannt. Sie hat auch kein einziges Mal geweint oder gejammert, sondern sich einfach auf das Abenteuer eingelassen. In den Fahrpausen haben wir die ersten Spaziergänge mit ihr unternommen und das hat auch sehr gut geklappt.

Die ersten Tage mit Bella waren sehr anstrengend, nicht nur für uns, sondern auch für unsere erste Hündin Buffy. Buffy war bereits erwachsen, als wir sie zu uns holten, daher waren wir doch etwas naiv mit unseren Vorstellungen bezüglich eines Welpen. Wir waren sehr überrascht, wie viel Energie in so einem kleinen Hündchen stecken kann und wie wenig es schlafen möchte. Bella beißt wirklich überall hinein und nutzt alles, was sie zwischen die Zähne bekommt, um zu kauen und die Zähne abzuwetzen. Die ersten Tage waren für uns geprägt von Schlaflosigkeit und ständigem Feuer löschen, da Bella immer etwas anderes anstellte.

Welpen zu verstehen ist ganz wichtig. Sie sind ja noch Babys und damit mussten wir auch erstmal umzugehen lernen und verstehen, wie sie die Welt sehen. Sie müssen einfach alles noch lernen: Darf ich in dieses Ding beißen? Nein, darf ich nicht. Okay, dann das Nächste ausprobieren. Und sie müssen sich einfach so durchs Leben knabbern und testen, was sie dürfen und was nicht.

Es reicht auch nicht, nur einen erwachsenen Hund im Haushalt zu haben. Zur Sozialisierung gehören Erfahrungen mit vielen, unterschiedlichen Hunden und Menschen.

Wir werden demnächst in eine Welpengruppe gehen und hoffen, dass sich Bella dort richtig austoben kann. Ich glaube, das wird ihr richtig gut tun.

Da wir sie nun besser verstehen und somit ihre Bedürfnisse erfüllen können, kommt sie uns auch entgegen in ihrem Verhalten, sie ist jetzt viel viel pflegeleichter geworden.

Heidi (Instagram-Account: cassie_havanese):
Mein Weg zum Havaneser

Seit ich 6 Jahre alt war, wollte ich unbedingt einen Golden Retriever haben. Ich fand das liebe Wesen einfach toll! Je älter ich wurde, desto klarer wurde mir jedoch, dass ein Golden Retriever aufgrund seines großen Bedürfnisses nach Auslauf, seines starken Haarausfalls sowie aufgrund seiner Größe nicht optimal zu mir passen würde. Ich wünschte mir einen Hund mit dem Wesen eines Golden Retrievers, der jedoch kleiner ist, damit ich ihn wirklich überall mitnehmen kann. Er sollte nicht so viel Auslauf brauchen und wenig haaren. Ich habe mich über so ziemlich alle Rassen informiert und bin schließlich beim Havaneser gelandet. Ob Hund oder Hündin war mir eigentlich egal. Früher wollte ich eine Hündin, da diese angeblich leichter zu erziehen wären, meine Recherche ergab jedoch, dass dies nur ein Vorurteil ist. Dass es nun doch eine Hündin geworden ist war Zufall. Ich muss sagen: Sie hat alles, was ich mir wünschte, und noch viel mehr!

Der Abholtag war total aufregend. Die letzten Tage vorher konnte ich vor Aufregung kaum schlafen. Cassie hat sich sehr schnell eingelebt und es hat so viel Spaß gemacht. Nach 5 Tagen hat sie auch schon durchgeschlafen, sodass ich mein kleines Schlafdefizit schnell ausgleichen konnte. Vorher bin ich einmal pro Nacht mit ihr rausgegangen.

Cassie ist nun 15 Wochen alt. Die Zeit mit ihr war von Anfang an wunderschön. Sobald sie mich mit ihren Kulleraugen ansieht, vergesse ich alles um mich herum und kann mich richtig gut entspannen. Sie bereitet mir so viel Freunde, das ist unglaublich!
Anstrengend war am Anfang, dass ich wirklich spätestens alle zwei Stunden mit ihr raus musste, aber das weiß man ja, bevor man einem Welpen ein Zuhause gibt.
Mich überraschte, dass Cassie nicht verfressen ist. Das finde ich eher hundeuntypisch, ist wohl aber normal für Havaneser. Wir stellen ihr Futter morgens für den ganzen Tag

hin und sie nimmt sich über den Tag verteilt immer ein bisschen davon. Dass es keine festen Fütterungszeiten gibt, finde ich total unkompliziert. Wenn ich ihr einen neuen Trick beibringe, klappt das ganz oft auch nur mit viel Loben und Streicheln. Leckerli sind einfach nicht so ihr Ding.

Stubenrein war sie sehr schnell. Ich hatte mit ca. 3 Monaten gerechnet, es waren aber maximal 2 Wochen. Sie hat von Anfang an angezeigt, wenn sie muss. Wenn wir ihre Sprache direkt verstanden hätten, wäre es wahrscheinlich noch schneller gegangen.

Wir gehen 1x pro Woche in die Hundeschule. Obwohl ich mich im Voraus viel über Hundeerziehung informiert habe, konnte ich dort viel lernen. Zum Beispiel, dass das Zusammenleben noch viel entspannter und harmonischer ohne das Wort "Nein" sein kann. Dennoch gibt es natürlich klare Regeln. Cassie hat jedes Mal sehr viel Spaß in der Hundeschule. Sie liebt es wenn wir etwas Neues lernen oder sie mit den anderen Hunden spielen darf. Daher werde ich wahrscheinlich noch sehr lange in die Hunde-schule gehen. Ich kann es jedem nur empfehlen.

Cassie liebt Autofahren. Sobald wir in die Nähe meines Autos kommen, möchte sie am liebsten direkt rein springen und wenn wir losfahren, schläft sie innerhalb von 2 Minuten ein, da es sie so sehr beruhigt und entspannt.
Havaneser möchten am liebsten immer in der Nähe ihrer Menschen sein. Sie brauchen viel Körperkontakt. Beim Kochen oder im Home Office legt sie z. B. oft ihren Kopf auf meine Füße. Alleine sein muss daher gut geübt werden, sollte später aber zumindest stundenweise möglich sein.

Cassie liebt Menschen einfach so sehr, egal ob Baby, Kleinkind, Kind, Teenager, Er-wachsener, Senioren oder Menschen mit geistigen oder körperlichen Beeinträchtigun-gen. Es ist Wahnsinn, wie fröhlich und zugleich vorsichtig sie auf jeden Menschen zu-geht und einfach nur gestreichelt werden will. Als ich sie geholt habe, hatte ich dies zwar nicht geplant, aber da sie so toll mit Menschen umgeht, möchte ich sie gerne zur Therapiehündin ausbilden und in meiner Praxis bei Patienten mit Depressionen einset-zen. Ich denke, sie wird die Arbeit lieben.

Erziehung

Überblick

Bestimmt hast du schon gelesen, dass der Havaneser ein Anfängerhund ist. Trotzdem musst du dir bewusst sein, dass auch ein Anfängerhund kein Spielzeug ist und sich nicht von selbst erzieht. Er ist zwar klein, süß und kuschelig, jedoch ein vollwertiger Hund. Es kostet viel Arbeit, Geduld, Konsequenz und stetige Übung, um aus einem übermütigen Welpen einen verlässlichen Hund zu formen. Mit der Erziehung ist man nie fertig.

Der Havaneser gilt als eine gelassene Rasse, kann aber auch sehr stur sein, wenn er seinen Willen durchsetzen möchte. Er ist intelligent, neugierig, lernbegierig und aktiv. Er besitzt in der Regel ein sehr gutes Selbstbewusstsein, er braucht Regeln, an denen er sich orientieren kann, sonst wird er schnell versuchen die Kontrolle an sich zu ziehen.

Seine Erziehung erfordert ständige Konsequenz. Es ist ratsam, in ähnlichen Situationen immer gleich zu reagieren (mit Ton und Gesten), um den Hund nicht zu verwirren. Lob und Tadel sind wichtige Bewertungsmethoden. Neue Befehle werden zuerst zu Hause in Ruhe geübt und dann draußen mit immer mehr Ablenkung. Lob, gemeinsames Spiel und Leckereien sind Belohnungen für richtiges Verhalten. Ein bestimmtes "Nein" reicht oft aus, um ihn von seinem Tun abzubringen. Wichtig ist es, den Hund sofort zu loben oder zu tadeln, damit er die Reaktion direkt mit seinem aktuellen Verhalten verknüpfen kann.

Über allem sollte das Markerwort stehen. Wichtige Kommandos für den Havaneser sind Sitz, Platz, Bleib, Nein und Komm. Diese Kommandos können durch gezieltes Training beigebracht werden und sind nützlich für die Kontrolle und Sicherheit des Hundes.

Markerwort

Du kannst deinem Hund beibringen, auf ein bestimmtes Wort zu reagieren, das ihm signalisiert, dass er etwas richtig gemacht hat. Wähle ein Wort, das du sonst nicht oft benutzt. Das Wort sollte kurz und lobend sein, zum Beispiel "brav", "zack" "yepp" "top" oder ähnlich. Wichtig ist, dass du deinem Hund jedes Mal, wenn du dieses EINE Wort sagst, auch eine Belohnung gibst, zum Beispiel ein Leckerli, ein Spielzeug oder etwas anderes, was er gerne hat. Dies gilt für sein ganzes Leben.

In 4 Schritten zum Markerwort

- Starte in einer ruhigen Umgebung zu Hause. Gehe ein bis zwei Tage lang immer mal wieder zu deinem Hund, sag das Wort und gib ihm gleichzeitig ein Leckerli. Dein Hund muss dafür nichts Besonderes tun. Er soll nur lernen, dass das Wort etwas Gutes bedeutet.

- Nach diesen ein bis zwei Tagen rufst du das Wort aus etwas Entfernung und wenn dein Hund zu dir kommt, bekommt er eine Belohnung. Das zeigt dir, dass er das Wort gelernt hat.

- Jetzt kannst du das Wort benutzen, um Übungen im Haus zu bestärken. Sag zum Beispiel "Platz", wenn dein Hund sich hinlegt, und dann das Wort, gefolgt von einer Belohnung.

- Wenn das gut funktioniert, kannst du das Training nach draußen verlegen, aber bitte nur in ruhigen Situationen für ungefähr eine Woche. Nun hast du ein Signal, mit dem dein Hund sicher weiß, dass sein gezeigtes Verhalten erwünscht ist.

Tauschen

Das Kommando „Tauschen" wird in Situationen genutzt, in denen dein Hund etwas im Maul hat, das er nicht haben sollte, wie ein für ihn gefährlichen Gegenstand, wie Spielzeugteile, Steine oder giftige Lebensmittel Der Hund soll dazu gebracht werden, das gefährliche Objekt freiwillig und schnell gegen einen Leckerbissen oder ein Spielzeug zu tauschen. Um das Kommando aufzubauen, biete ein super attraktives Leckerli oder

Spielzeug an, zeige es dem Hund und gib es ihm, wenn er es gegen das Objekt im Maul tauscht. Wiederhole das Kommando, bis er es versteht und bereitwillig das Objekt tauscht. Wir haben dies in der Hundeschule mit zwei Schweineohren geübt, die wir abwechselnd dem Hund gegeben haben. Sage bei der Übung das Wort „Tauschen".

Gehorsamkeitstraining

Havaneser sind intelligente Hunde, die gerne lernen. Mit positiver Verstärkung wie Lob, Leckerlis und Spiel, bringst du ihnen leicht die wichtigsten Grundkommandos bei.

Gehorsamkeitstraining ist bei Hunden sehr wichtig, da es ihre Sicherheit fördert, die soziale Interaktion erleichtert und Stress reduziert. Es stärkt die Bindung zwischen Hund und Besitzer und macht den Alltag einfacher.

Sitz

- **Halte ein Leckerli vor die Nase deines Hundes**
- **Hebe das Leckerli langsam über seinen Kopf.**
- **Der Hund wird versuchen das Leckerli zu verfolgen und wird sich automatisch hinsetzen.**
- **Wenn er sich setzt, lobe ihn und gib ihm das Leckerli. Wiederhole die Übung mehrmals und füge das Wort „Sitz" hinzu.**

© Daniela Sickinger

Platz

- Starte in der Sitzposition
- Animiere deinen Hund sich hinzu-legen, in dem du ein Leckerchen, das du zwischen deinen Fingern oder in der Faust hältst, vor ihm auf den Boden führst.
- Wenn dein Hund liegt, lobe ihn und gib ihm das Leckerli. Wiederhole und sag dabei „Platz"

© Daniela Sickinger

Bleib

- Bringe deinen Hund in die Sitz- oder Platzposition.
- Zeige ihm deine Handfläche
- Weiche ein paar Schritte zurück.
- Wenn dein Hund sitzen oder liegen bleibt, lobe ihn und gib ihm ein Leckerli.
- Wiederhole die Übung mehrmals und sage das Komman-do „Bleib"

Hier

- Strecke Deinen Arm nach oben
- Rufe deinen Hund mit „Hier" zu dir.
- Wenn er kommt, lobe ihn und gib ihm ein Leckerli.
- Wiederhole die Übung mehrmals.

Stubenreinheit

Havaneser werden oft langsamer stubenrein als andere Hunderassen. Um den Havaneser stubenrein zu bekommen, solltest du ihn regelmäßig nach draußen bringen, vor allem nach dem Aufwachen, Fressen, Trinken und Spielen. Überschwängliches Lob und Belohnung nach dem Lösen fördern das richtige Verhalten. Es ist ratsam, auch ein Kommando einführen, wie z. B. "Mach Pipi". Das ist zum Beispiel für später bei längeren Autofahrten und nur kurzem Halt auf einer Raststätte sinnvoll.

Bei Unsauberkeit solltest du den Hund ignorieren oder auch „nein" sagen (je nachdem wie der Charakter deines Welpen ist, bei ängstlichen Hunden reicht gegebenenfalls schon das Ignorieren) und die Stelle danach gründlich reinigen, sonst löst er sich dort immer wieder. Achte auf seine Signale (Unruhe, Bellen, Kreisen, Schnüffeln), reagiere sofort und gehe mit ihm nach draußen.

Du solltest geduldig sein, auch wenn es dir schwerfällt. Ich weiß aus Erfahrung, wie nervenaufreibend es ist, wenn du gerade mit ihm draußen warst, der Hund dort nur geschnüffelt hat, sich jedoch sofort löst, wenn er wieder drinnen ist. Jeder Hund hat sein eigenes Tempo und Rückschläge gibt es immer mal wieder.

Entspannung

Um einen Hund zu entspannen, kannst du ihm die Hand auflegen und ihm damit ein Gefühl von Ruhe und Sicherheit vermitteln. Lege Deine Hand behutsam auf seinen Hals oder den Übergang zwischen Hals und Schulter des Hundes. Währenddessen sprich in leisem und beruhigendem Ton mit dem Hund und gib ihm ein verbales Signal wie "ruhig" oder "entspannen". Es ist wichtig, dieses Signal regelmäßig zu wiederholen, während du die Hand auflegst, damit er es mit der Entspannung verknüpft. Mit der Zeit wird dein Hund lernen, auf das Signal zu reagieren und sich zu beruhigen, selbst wenn er aufgeregt oder gestresst ist. Wenn Pablo in der Nacht unruhig neben meinem Bett ist, lege ich ihm die Hand auf und er beruhigt sich mittlerweile sofort, seufzt tief und schläft entspannt weiter.

Bellen

Havaneser sind wachsame Hunde, einige bellen gerne. Um deinen Hund jedoch nicht zum Dauerkläffer zu erziehen, ist es ratsam frühzeitig zu beginnen, das Bellen nicht zu verstärken. Werde nicht auch selbst laut. Dadurch könnte dein Hund fälschlicherweise denken, dass eine tatsächliche Gefahr besteht, welche du ebenfalls wahrnimmst. Es ist empfehlenswert, ruhig zu bleiben und ihn zu belohnen, wenn er mit dem Bellen aufhört. Du kannst ihm auch das Kommando "Ruhe" oder "Still" beibringen.

Leinenführigkeit

Um deinem Hund beizubringen, entspannt an der Leine zu laufen, kannst du Folgendes tun:

- Bringe deinem Hund das Kommando "Sitz" bei, bevor du die Leine anlegst oder abnimmst.
- Übe in einer ruhigen Umgebung, ohne Ablenkungen.
- Bringe ihm das Laufen bei Fuß bei, indem du ein Leckerli neben deinem Bein hältst und es deinem Hund gibst, wenn er ruhig neben dir läuft. Sag „Fuß".
- Wenn dein Hund zieht, korrigiere ihn mit einem "Nein" und ändere die Richtung. Drehe dich um und gehe den Weg wieder zurück.
- Belohne deinen Hund, wenn er richtig an der Leine läuft.
- Beginne mit kurzen Spaziergängen und steigere die Dauer und Intensität der Trainingseinheiten allmählich.

Sei geduldig und konsequent. Es kann einige Zeit dauern, bis dein Hund lernt, an der Leine zu laufen.

Alleinbleiben

Havaneser können stark unter Trennungsangst leiden. Schaffe einen sicheren Ort für deinen Hund und übe das Alleinbleiben, indem du ihn kurz in seinem Bereich lässt und dich in einem anderen Raum aufhältst. Lobe und belohne ihn, wenn er ruhig alleine bleibt. Verlängere allmählich die Zeit des Alleinseins. Gehe dann auch aus dem Haus. Vermeide es dich zu sehr zu verabschieden oder ihn überschwänglich zu begrüßen. Bleibe ruhig und gelassen. Auch alleine bleiben geht nicht von heute auf morgen und jeder Hund hat dabei sein eigenes Tempo. Lasse ihn nicht mehr als 3 - 4 Stunden alleine, wenn du länger weg bist, organisiere bitte einen Hundesitter.

Erziehung in der Pubertät

Ein Havaneser wird ab einem Alter von etwa 6 Monaten als Junghund bezeichnet. In dieser Zeit durchläuft er eine große körperliche und geistige Entwicklung. Er wird größer und stärker, lernt neue Dinge und entwickelt seine eigene Persönlichkeit.

Verhaltensänderungen in der Pubertät

- Ignorieren von bereits gelernten Kommandos, wie z.B. dem Rückruf
- Bellen, Jaulen oder Unruhe bei dem Geruch von läufigen Hündinnen
- Angst vor neuen Situationen oder Geräuschen
- Angst vor anderen Hunden oder Menschen
- Rebellion oder Aggression

Die Pubertät bei Havanesern setzt etwa zwischen dem 6. und 12. Lebensmonat ein. In dieser Zeit verändern sich die Hormone der Hunde stark und auch körperliche Veränderungen, wie die Entwicklung der Geschlechtsorgane und der Fortpflanzungsfähigkeit setzen ein. Das bedeutet, dass dein Rüde anfängt zu markieren, zu rammeln und läufigen Hündinnen hinterherzulaufen. Deine Hündin wird das erste Mal läufig, das bedeutet, das sie blutet, ihre Rute zur Seite legt und von Rüden umworben wird. Sie wird anhänglicher, kann aber auch launischer werden.

Die emotionale Änderung ist Folge der hormonellen Umstellung und eines Umbaus des Gehirns. Dein Hund wird vielleicht sensibler, unsicherer oder er versucht seine Grenzen auszutesten.

Tipps für die Pubertät

- **Bleibe ruhig und gelassen. Belohne weiterhin gutes Verhalten**
- **Wiederhole die Grundkommandos und setze das Rückruftraining fort**
- **Biete ihm Auslauf und Beschäftigung**
- **Sei weiterhin selbstbewusst und bestimmt in Deiner Kommunikation**
- **Gib ihm Liebe und Aufmerksamkeit**

Die Pubertät ist keine einfache Zeit für den Hund und für dich. Da jeder Hund anders ist, ist diese Zeit auch für jeden eine andere Erfahrung. Um die Pubertät zu meistern, ist es wichtig, mit deinem Hund konsequent zu sein. Setze klare Regeln und Grenzen und belohne gutes Verhalten. Gib deinem Hund auch viel Liebe und Aufmerksamkeit, damit er sich sicher und geborgen fühlt. Hundeschulen bieten auch spezielle Programme für Junghunde an.

Die Pubertät dauert in der Regel zwischen 6 Monaten und etwa 2 Jahren. Danach sollte sich dein Hund wieder beruhigen und zu einem ausgeglichenen Erwachsenenhund entwickeln.

Erfahrungsbericht

Daniela Sickinger (Instagram Account: havaneser_pablo)
Pablo - mein geliebter Sturkopf

Wir haben Pablo bereits als Welpen bekommen und begannen sofort damit, ihm einige Befehle beizubringen. Das Training im Haus verlief reibungslos, „Sitz", „Platz", „Bleib" und „Hier" waren und sind kein Problem. Draußen war er immer sehr abgelenkt und erkundete lieber die Umwelt. Leckereien oder Spielzeuge interessierten ihn überhaupt nicht. Mit der Zeit ist er jedoch "verfressener" geworden; dies machte das Training etwas einfacher. Oft reicht auch ein energisches "Nein" aus, um ihn von seinem aktuellen Tun abzubringen, z. B. aus Pfützen zu trinken. Dennoch hat er immer noch seinen eigenen Kopf und schnüffelt draußen oft erst zu Ende, markiert und kommt

© Daniela Sickinger

dann gemächlich heran, wenn ich "Hier" rufe. Wir bleiben dran und üben immer weiter. Pablo beherrscht mittlerweile auch Tricks wie das Ablegen seines Kopfes, das Winken mit den Pfoten, das Pfötchen geben, das Hochstellen an einer bestimmten Stelle oder das Männchen machen. Es macht ihm Spaß diese zu zeigen, natürlich gegen adäquate Belohnung. Auch mag er Intelligenz- oder Suchspiele sehr, er löst gerne Aufgaben oder spielt verstecken mit Familienmitgliedern im Haus.

Er hat seinen festen Liegeplatz am Fenster und beobachtet gerne die ruhige Straße vor unserem Haus. Er meldet den Briefträger, beruhigt sich jedoch auch wieder sofort. Er ist kein Kläffer.

Alleine kann Pablo auch bleiben, wir haben es allerdings nicht direkt am Anfang mit ihm geübt. In der Hundeschule haben wir das Alleinsein im Auto gelernt, das klappte zwar sehr gut, war jedoch im kalten Winter oder im warmen Sommer nicht immer praktisch. Wir haben bemerkt, dass er im Sommer von sich aus ins Haus gegangen ist, wenn wir auf der Terrasse waren und er dort drinnen auch länger alleine blieb. Daher haben wir es irgendwann einfach versucht ihn zu Hause zu lassen und mit Video sein Verhalten festgehalten. Es war für ihn kein Problem. Wir waren zuerst für 30 Minuten außer Haus und haben dies bis auf 3 Stunden gesteigert.

Als Welpe war Pablo immer sehr begeistert von Kindern, bis wir einmal ein unschönes Erlebnis hatten. Ein etwa 18 Monate altes Kind wollte ihn streicheln und schlug leider unkontrolliert auf seine Nase. Seitdem hatte er Angst vor Kindern und versuchte sie zu meiden. Wir begannen daraufhin, Kindern, die wir trafen, ein Leckerchen in die Hand zu geben, und langsam gewann er wieder Vertrauen. Wenn er heute Kinder sieht, schaut er mich an und dann auf den Leckerchenbeutel, als ob er sagen wollte: "Komm schnell, drück dem Kind ein Leckerchen in die Hand." Und das Schöne ist, er hat keine Angst mehr.

© Daniela Sickinger

Pflege

Das Fell der Havaneser ist lang, seidig und hat eine wunderschöne Textur. Damit es so bleibt, ist regelmäßige Pflege unerlässlich. Beginnen wir mit dem Bürsten, um Verfilzungen und Verwirrungen zu vermeiden.

Das Fell in der Welpenzeit

Ich habe über die Pflege des Welpenfells mit einer Havaneser Züchterin, die auf Instagram den Account Hugo.and_friends führt, gesprochen:

„Ich kümmere mich täglich um das Fell der Welpen, um sie an die Abläufe zu gewöhnen und ihnen beizubringen, dass sie überall angefasst werden können. Später werden die Pfoten und der Po sonst oft zu Problemzonen, wodurch das Pflegen während der Filzphase besonders schwierig wird.

Ich verwende generell eine weiche Bürste, die bereits etwas bewirkt. Außerdem habe ich einen Kamm mit groben und feinen Metallzinken sowie einen Flohkamm. Es ist wichtig, einen bestimmten Ablauf zu haben. Zum Beispiel beginne ich immer vorne am Kopf und arbeite mich nach hinten durch. Zuerst gehe ich mit der Bürste durch das Haar, um Schmutz, Filz oder Knoten zu entdecken und auszukämmen.

Wichtige Bereiche sind der Bart, die Beine bis hinunter zu den Pfoten, die Achseln und unterhalb der Rute. Auch das Fell am Rücken, wo die Rute aufliegt, ist einer dieser Bereiche sowie der Intimbereich.

Wenn ich glaube, dass ich alles mit der Bürste erwischt habe, nehme ich den Metallkamm, um erneut alles durchzugehen. Wenn ich dann noch Knoten finde, ist es wichtig, wieder zur Bürste zu greifen und nicht zu versuchen, die Knoten mit dem Kamm herauszureißen. Anschließend verwende ich den feinen Kamm oder den Flohkamm, um das Haar um die Augen herum zu kämmen.

Wenn es Tränenfluss gibt, gibt es viele Produkte, die Hilfe versprechen. Meiner Erfahrung nach ist jedoch nichts wirklich wirksam. Am besten ist es, das Haar einmal täglich mit klarem Wasser und einem Abschminkpad abzuwischen und mit dem feinen Kamm auszukämmen. Bei Havanesern, die keinen Tränenfluss haben, ist es wichtig, die

"Schlafreste" morgens zu entfernen, um die Bildung von großen Tränensteinen zu verhindern. Danach kann ich das Haar auch dort mit dem feinen Kamm nachbürsten.

Ich bade auch die Welpen und Junghunde regelmäßig, damit sie sich daran gewöhnen. Wenn erst in der Filzphase damit begonnen wird, ist es erfahrungsgemäß sehr schwierig bis unmöglich. Wichtig ist, Shampoo und Pflegeprodukte zu verwenden, die speziell für Havaneser geeignet sind."

Das Fell in der Filzphase

Auch für die Filzphase, hat die Havaneser Züchterin Tipps parat:
„In dieser Phase, die ungefähr mit einem Jahr beginnt, wechselt der Havaneser vom Welpenfell zum Erwachsenenhaar. Leider geht dieser Übergang oft mit erheblichem Filz einher. Während dieser Phase sind spezielle Bürsten, passendes Shampoo und Spülung sowie regelmäßiges Baden unerlässlich.

Es bleibt täglich Staub und Schmutz im Haar, und der Haarwechsel ist schwer zu kontrollieren.

Aus meiner Erfahrung ist es ebenfalls wichtig, den Hund nach dem Baden zu föhnen. Dadurch kann man Filzstellen besser erkennen und sofort auskämmen. Außerdem haben nasse Hunde die Angewohnheit, sich beispielsweise auf dem Badewannenvorleger trocken zu rubbeln, was wiederum zu Filz führen kann.

© Daniela Sickinger

Es ist ratsam, die bereits etablierte Kämmroutine fortzuführen. Ideal ist es, wenn der Hund gelernt hat, sich sowohl im Stehen als auch im Liegen kämmen zu lassen. Dadurch kann man alle Stellen problemlos erreichen und bürsten. Je nach Haardichte und -menge kann es erforderlich sein, einmal pro Woche zu baden. Es ist wichtig, alle Pflegeprodukte gründlich auszuspülen, um Rückstände zu vermeiden.

Beim Pflegen gehe ich folgendermaßen vor: Zunächst verschaffe ich mir mit der Bürste einen Überblick. Sobald ich eine Filzstelle entdecke, ist es wichtig, nie direkt mit der Bürste auf der Haut zu bürsten. Stattdessen lege ich den Filz auf meine Hand und kämme ihn vorsichtig Stück für Stück aus. Ein Pflegespray kann dabei helfen. Anschließend löse ich den Filz behutsam mit der Bürste und gehe noch einmal mit dem Kamm durch das Haar. Zum Abschluss sollte der Kamm leicht durch das gesamte Fell gleiten, bis auf die Haut des Hundes.

Wenn ich an einer Stelle hängen bleibe, arbeite ich mit der Bürste wie beschrieben nach. Dabei achte ich besonders auf die Stellen unter den Ohren und kurz über den Pfoten.

Es ist auch ratsam, regelmäßig die Pfotenballen frei zu rasieren. Allerdings empfehle ich, nicht zwischen den Zehen zu rasieren, da dies für empfindliche Hunde unangenehm ist und sie anfangen könnten, an den Pfoten zu kauen.

Insbesondere bei Rüden ist es empfehlenswert, den Intimbereich etwas zu kürzen, um Verschmutzungen durch Urin und Markierungen zu reduzieren.

Wenn man unsicher ist oder Hilfe braucht, kann man sich auch an einen professionellen Hundefriseur wenden. Dieser hat nicht nur gelernt das Fell zu schneiden, sondern kann auch langes Fell richtig pflegen und entfilzen. Wenn du regelmäßig mit deinem Langhaarhund zum Friseur gehst, kannst du dir viel Arbeit sparen und das Fell in einem guten Zustand halten."

Das Fell in der Erwachsenenzeit

Das Duschen oder Baden und Kämmen bleibt auch ein wichtiger Bestandteil in der Fellpflege des erwachsenen Havanesers.

© Daniela Sickinger

Wenn ein Havaneser schmutzig ist, reicht meistens eine sogenannte „Unterbodenwäsche", sprich Bauch und Beine werden nach dem Gassigang abgewaschen bzw. geduscht. Mindestens zweimal im Jahr sollte er zusätzlich gebadet werden. Wähle - wenn nötig - ein mildes Shampoo, das speziell für Hunde entwickelt wurde, und achte weiterhin darauf, das Fell gründlich auszuspülen. Nach dem Baden kannst du das Fell sanft mit einem Handtuch trocknen oder einen Föhn auf niedriger Stufe verwenden, um es vollständig zu trocknen.

Gebürstet wird bei Bedarf, ca. 2-3 mal pro Woche.

Das Trimmen des Fells ist ebenfalls eine gängige Praxis bei Havanesern. Dies wird dazu beitragen, dass das Fell gesund und glänzend bleibt und Verwicklungen vermieden werden. Trimmen bedeutet, abgestorbene beziehungsweise übermäßig lange Haare zu entfernen oder etwas zu kürzen. Dies gilt insbesondere für das Gesicht und die Pfoten. Ein regelmäßiger Besuch beim Hundefriseur oder das Erlernen der richtigen Technik für das Trimmen zu Hause kann dazu beitragen, das Fell in Form zu halten.

Zähne

Neben der Fellpflege ist die Zahnpflege von großer Bedeutung für die Gesundheit deines Havanesers. Regelmäßiges Zähneputzen mit einer speziellen Hundezahnbürste und spezieller Zahnpasta hilft, Zahnsteinbildung und Zahnfleischerkrankungen vorzubeugen. Beginne langsam und gewöhne den Hund allmählich an die Zahnpflege, indem du positive Verstärkung einsetzt, sprich ihn lobst, um das Zähneputzen zu einer angenehmen Erfahrung für ihn zu machen.

Es ist wichtig, dass du regelmäßig auf die Gesundheit von Zähnen und Zahnfleisch deines Welpen achtest. Manchmal haben Welpen Probleme, ihre Milchzähne loszuwerden. Harte Kausnacks, wie Schweineohren, Pferdesehnen, Ochsenziemer helfen in der Regel die Zähne herauszulösen. Wenn dies nicht möglich ist und die bleibenden Zähne schon durchkommen, solltest du einen Tierarzt aufsuchen, der die widerspenstigen Milchzähne entfernt.

Pablo hatte weniger Probleme mit den Zähnen, er verlor 5 Backenzähne auf einmal, als wir ihm ein Schweineohr zum Beißen gaben. Seinem jüngeren Bruder Rocky mussten jedoch mehrere Milchzähne gezogen werden.

Ohren

Die Ohren deines Havanesers benötigen ebenfalls regelmäßige Aufmerksamkeit. Wenn es notwendig ist, reinige die Ohren mit einem speziellen Ohrenreiniger für Hunde, um Schmutz und überschüssiges Ohrenschmalz zu entfernen. Sei dabei sehr vorsichtig und achte darauf, um Verletzungen zu vermeiden, die Ohren nicht zu stark zu reinigen oder zu tief in den Gehörgang zu gelangen,.
Es gibt einige Havaneser mit vielen Haaren im Ohr, da kann es besser sein, diese auszuzupfen, um eine gute Belüftung sicher zu stellen und Ohrinfektionen zu vermeiden. Das Zupfen tut dem Hund nicht sehr weh. Frag am besten vorher deine Tierärztin oder Hundefriseurin, ob dies überhaupt notwendig ist.

Pablo hat dort sehr wenige Haare und diese verbleiben im Ohr und werden nicht ge-zupft. Er hatte bisher auch noch keine Probleme.

Pfoten und Krallen

Nicht zu vergessen ist auch die Pflege der Pfoten und das Schneiden der Krallen an den Pfoten und der Wolfskrallen seitlich am Bein. Überprüfe regelmäßig die Pfoten auf Verletzungen, Fremdkörper oder Risse. Halte die Pfoten sauber und schneide die Krallen regelmäßig, wenn diese nicht abgelaufen werden, um ein übermäßiges Wachstum zu vermeiden. Rasiere weiterhin die Pfotenballen, jedoch nicht in den Zwischenräumen der Zehen.

Achte darauf, die Krallen nicht zu kurz zu schneiden, um Verletzungen zu vermeiden. Schneidest du zu tief, kann es bluten. Gerade bei schwarzen Krallen musst du sehr vorsichtig sein, da man die durch die Krallen verlaufende Ader nicht sehen kann. Wenn du unsicher bist, wie du die Krallen richtig schneiden sollst, kannst du dich an einen Tierarzt oder einen professionellen Hundefriseur wenden.

Insidertipp von Marion Williams vom „Blog mit Wuff": „Ziehe ein Obst- oder Knoblauch-netz über die Pfoten, so dass nur noch die Krallen rausschauen, dann stört das Fell beim Schneiden nicht so sehr und du kannst besser sehen, wo du schneidest."

Die Pflege des Havanesers beinhaltet auch eine gesunde und saubere Umgebung. Stelle sicher, dass der Bereich, in dem sich der Hund aufhält, regelmäßig gereinigt wird. Halte sein Liegekissen oder seine Decke sauber und wasche sie regelmäßig.

Erfahrungsberichte

Daniela Sickinger (Instagram.Account: havaneser_pablo)
Mit der Zeit wird es viel besser

Als Pablo noch ein Welpe war, hatte er eine ausgeprägte Abneigung dagegen, sich am Bauch oder an den Pfoten kämmen zu lassen. Es schien, als wäre er ein glitschiger Aal, er wand sich in alle Richtungen, um dem Kamm zu entkommen. Auch aufgrund unserer häufigen Ausflüge in Feld und Wald war es unvermeidlich, dass sich sein Fell mit der Zeit verfilzte. In Anbetracht dieser Herausforderung entschied ich mich schließlich dazu, Pablo's Fell regelmäßig, jedoch nicht zu kurz, mit der Schere schneiden zu lassen. Alle zehn Wochen besuchen wir eine kompetente Hundefriseurin, die Pablo gerne mag. Ich habe das Privileg, während der Sitzung dabei zu sein, und freue mich zu sehen, wie entspannt er dabei ist.

Im Laufe der Jahre hat sich sein Verhalten der Bürste gegenüber deutlich verbessert. Seit er ungefähr drei Jahre alt ist, lässt er sich problemlos am Bauch kämmen und ist sogar bereit, sich dafür umzudrehen, um mir das Ganze zu erleichtern. Es ist ein schönes Gefühl, wenn er heute entspannt auf einer Decke oder in meinen Armen liegt und das Kämmen genießt.

Trotz dieser Fortschritte muss ich immer noch besonders auf zwei Stellen achten, unter und rund um die Ohren und unter den Achseln. An diesen sensiblen Stellen neigt Pablos Fell dazu, sich zu verfilzen. Deshalb bin ich stets achtsam und bemühe mich, regelmäßig nachzuschauen und Verwirrungen zu entfernen.

Seine Krallen sowie die Wolfskrallen werden auch von der Hundefriseurin regelmäßig überprüft und wenn notwendig gekürzt. Ich mache das nicht selbst, da Pablo überwiegend dunkle Krallen hat, habe ich Angst, dass ich ihn verletze und es bluten könnte. Ich habe mir auch ein Schleifgerät gekauft. Obwohl Pablo eigentlich Nerven wie Drahtseile hat und keine Angst vor Staubsauger, Gewitter, Bohrmaschinen, Knallern etc. zeigt, läuft er davon, sobald ich das Gerät anschalte.

Kerstin Kreklau (Instagram-Account: kerstinkreklau)
Wie ich die Fellpflege meiner Havaneser individuell angepasst habe

Ich bin stolze Besitzerin von zwei Havaneser-Hündinnen, die sehr unterschiedlich sind. Leni und Feebee unterscheiden sich nicht nur in ihren Fellfarben und -strukturen, sondern auch in ihren Persönlichkeiten und Vorlieben.
In diesem Bericht erfährst du, wie ich die Fellpflege meiner Hunde auf ihre speziellen Bedürfnisse abgestimmt habe und wie sich das positiv auf ihr Wohlbefinden ausgewirkt hat.

Leni hat ein sehr dichtes und üppiges Fell, das an das Fell eines Schafes erinnert. Ich fand immer, dass langes Fell bei Hunden toll aussieht und habe Leni deshalb nie zum Friseur gebracht.
Doch als ich durch einen Krankheitsfall in der Familie weniger Zeit für ihre Fellpflege hatte, verfilzte das Fell leider schnell. Ich entschied mich schweren Herzens, ihr das

Fell zu kürzen. Dies war rückblickend die beste Entscheidung, die ich treffen konnte. Ihr Fell ist nun pflegeleicht und dabei immer noch lang genug für einen typischen Havaneser-Schnitt.

Feebee hat im Vergleich zu Leni viel weniger Haare. Ihr Fell ist glatt und seidig und lässt sich leicht kämmen. Sie liebt die Fellpflege und lässt sich gerne verwöhnen. Ich bringe Feebee jetzt auch regelmäßig zum Friseur, dort bekommt sie das Fell an den Pfoten und dem Bauch etwas gekürzt. Das restliche Fell bleibt weiterhin lang und glänzend.

Links: Leni, rechts: Feebee

Leni und Feebee sind sehr verschieden. Leni ist ein lebhafter und frecher Havaneser, der gerne tobt und spielt. Sie liebt es, an die Ostsee zu fahren, wo sie im Sand buddelt und sich dreckig macht. Feebee ist eher eine Diva oder Prinzessin, die es vorzieht, sauber und gepflegt zu bleiben. Sie mag es nicht, wenn ihr Fell nass oder schmutzig wird. Die unterschiedlichen Persönlichkeiten meiner Hunde zeigen sich auch in ihren Vorlieben und Verhaltensweisen.

Auch wenn ich die Fellpflege meiner Havaneser individuell angepasst habe, würde ich niemals einen Havaneser bis auf die Haut scheren. Das Fell ist ein wesentlicher Bestandteil der Rasse und verleiht ihnen ihr charakteristisches Aussehen. Gerade das Fell macht den Havaneser aus und das sollte vor der Anschaffung und bei der Pflege stets berücksichtigt werden.

Ernährung

Allgemeines

In diesem Kapitel widmen wir uns einem wichtigen und aber auch sehr kontrovers und emotional diskutierten Thema - der Ernährung des Havanesers.

Wenn du dich schon einmal in einem Tierfuttergeschäft umgeschaut hast, erschlägt dich zuerst einmal die große Auswahl. Jeder Hersteller verspricht dir nur „das Beste für deinen Liebling". Es geht aber nicht nur rein um Inhaltsstoffe, sondern auch um das Alter, die Größe, die Aktivität und gegebenenfalls vorhandenen Krankheiten deines Havanesers.

Eine ausgewogene und angemessene Ernährung hat einen positiven Einfluss auf die Gesundheit, das Wohlbefinden und die Energie des Hundes.

Havaneser gelten im allgemeinen als sehr wählerische (mäkelige) Esser und neigen darüber hinaus zu Allergien bzw. Nahrungsmittelunverträglichkeiten.

Es ist ratsam, hochwertiges Hundefutter zu wählen, das ausgewogene und vollständige Mahlzeiten bietet. Achte aus diesem Grund auf die Inhaltsstoffe und wähle ein Futter, das hochwertige Proteine bevorzugt aus tierischen Quellen, gesunde Fette, wie z.B. Omega-3- und Omega-6-Fettsäuren, Ballaststoffe, essentielle Nährstoffe und wenig Füllstoffe wie Getreide oder Mais enthält. Es sollten auch keine künstlichen Farb-, Geschmacks- oder Konservierungsstoffe enthalten sein. Wird das Futter als Alleinfutter bezeichnet, garantiert der Hersteller, dass alles Wichtige für den Hund darin enthalten ist. Beobachte auch Deinen Hund, achte auf Veränderungen im Fell, seiner Energie und der Verdauung. Der individuelle Weg zur optimalen Fütterung ist oftmals ein lebenslanger Prozess.

Aspekt	Trockenfutter	Nassfutter	BARF
Beschreibung	Getrocknetes Hundefutter in Pelettform (Fertigprodukt)	Feuchtes Hundefutter in Konservendosen oder Beuteln, TetraPak (Fertigprodukt)	Biologisch, artgerechte Rohfütterung aus Muskelfleisch, Obst, Knochen, Innereien, Gemüse, Mineralien
Bequemlichkeit/ Haltbarkeit/ Lagerung	Sehr bequem, lange Haltbarkeit, vor und nach dem Öffnen, einfach zu lagern	Sehr bequem, lange Haltbarkeit vor dem Öffnen, geringe Haltbarkeit nach dem Öffnen, muss gekühlt gelagert werden	Einkauf und Zubereitung der Zutaten notwendig. Kurze Haltbarkeit, Gefriertruhe empfohlen für eine längere Haltbarkeit
Qualität	Je nach Hersteller unterschiedliche Qualität, man muss auf transparente Deklaration achten	Je nach Hersteller unterschiedliche Qualität, man muss auf transparente Deklaration achten	Individuell und naturbelassen, jedoch im Vorfeld intensive Beschäftigung, um ausgewogene Fütterung zu gewährleisten
Zahngesundheit	Kann zur Zahnabschabung beitragen	Keine spezielle Wirkung auf die Zahngesundheit	Kauaktivität fördert die Zahngesundheit (hängt von der Qualität der Knochen und Fleischstücke ab)
Unterwegs	Sehr praktisch und leicht zu transportieren	Weniger praktisch für unterwegs	Kann umständlich sein, da Rohware und Zubehör mitgenommen werden muss
Aufnahme	Feste Portionen mit klarer Dosierung, kann den ganzen Tag stehen bleiben	Saftiger Geschmack, für Hunde mit Zahnproblemen geeignet, sollte sofort gefressen werden	Individuell anpassbar, Zusammenstellung erfordert genaue Kenntnisse über Ernährungsbedürfnis, sollte sofort gefressen werden

Weitere Informationen

Bei einer Umfrage auf dem Instagram Account Havaneser_Pablo unter 174 Hundebe-sitzern gaben 22% an, nur Trockenfutter zu geben, 17% nur Nassfutter, 7% barfen und 53% gaben an, eine Kombination zu füttern.

Man sieht viele Hundebesitzer bevorzugen eine kombinierte Fütterung. Beispielsweise morgens Trockenfutter und abends Nassfutter. Beachtet werden muss dabei, dass Tro-ckenfutter konzentrierter ist und bei gleicher Menge mehr Energie enthält. Es ist rat-sam, sich an den Empfehlungen des Herstellers auf der Futterverpackung zu orientie-ren. Meist ist sogar weniger notwendig als angegeben. Über den Tag verteilt gegebene Leckerlis, bitte noch von der angegebenen Futtermenge abziehen. Vermeide auf jeden Fall Überfütterung und stelle sicher, dass der Havaneser stets Zugang zu frischem Wasser hat.

Das Ernährungsbedürfnis des Havanesers ändert sich im Laufe seines Lebens. Welpen haben beispielsweise einen höheren Bedarf an Nährstoffen für ihr Wachstum, während ältere Havaneser möglicherweise spezielle Anforderungen haben, um die Gelenkge-sundheit oder das Gewicht zu halten, zu erhöhen oder zu reduzieren. Einige Hersteller haben ihr Sortiment darauf angepasst.

Es ist wichtig zu beachten, dass Havaneser häufig Allergien und Unverträglichkeiten gegenüber bestimmten Lebensmitteln entwickeln oder zeigen. Einige Havaneser re-agieren möglicherweise auf bestimmte Fleischsorten, Getreide oder Zusatzstoffe im Futter. Wenn du Anzeichen von Allergien wie Juckreiz an den Pfoten oder Ohren, Haut-ausschläge oder Verdauungsprobleme (Durchfall, nächtliches Schmatzen, Erbrechen) bei deinem Havaneser bemerkst, solltest du einen Tierarzt aufsuchen. Eine Eliminati-onsdiät oder ein Allergietest können helfen, die auslösenden Nahrungsmittel zu identifi-zieren und eine geeignete Diät zu planen. Spezielle Futtersorten für sensible Hunde enthalten oft leicht verdauliche Proteine und hochwertige Inhaltsstoffe, die das Risiko von Allergien verringern können.

Hunde werden in der Regel morgens und abends gefüttert. Bei ernährungssensiblen Hunden, die zu Übersäuerung neigen, könnte es ratsam sein, mehrere kleine Portionen über den Tag verteilt zu geben.

Erfahrungsbericht

Daniela Sickinger (Instagram-Account: havaneser_pablo)
Wie wir bemerkten, dass Pablo Lebensmittelallergien hat

Es ist jetzt vier Jahre her, da fing Pablo an, unter anderem nach der Gabe von Wurmmitteln nachts extrem zu schmatzen und morgens gelbe, schaumige Galle zu erbrechen. Zuerst dachte ich an Übersäuerung, aber die Tabletten dagegen machten es noch schlimmer. Dann gab ich ihm nur noch Hühnchen mit Reis (Schonkost). Es wurde nicht besser. Eine Blutuntersuchung ergab, dass die Eosinophilen zu hoch waren. Das deutet auf Unverträglichkeiten oder Parasiten hin. Parasiten waren es nicht. Also haben wir einen Allergietest mit Speichel und Fell durchführen lassen. Das Ergebnis: Hühnchen und Reis und noch so einiges mehr, verträgt er nicht. Daher konnte es mit der Schonkost nicht besser werden. Wir stellten auf hypoallergenes Trockenfutter um. Es wurde besser, er bekam mehrere Monate leider keine Leckerchen mehr. Von da an hieß es ausprobieren, jedes neue Lebensmittel testen und dann, wenn er es vertrug regelmäßig füttern. So gingen am Anfang Lachsleckerchen. Bis er sie satt hatte. Heute geht darüber hinaus Hirsch und Pferd. Wir sind immer noch sehr vorsichtig. Was heute geht, geht manchmal nach ein paar Wochen nicht mehr. Daher haben wir den Allergietest dieses Jahr auch wiederholt. Laut diesem könnte er wieder Huhn fressen, aber ich traue mich nicht, es ihm zu geben. Im Moment ist er happy mit Trocken- bzw. Nassfutter aus Hirsch, Pferd oder Fisch mit Karotte und Kartoffel sowie hin und wieder einer leckeren Portion Hüttenkäse.

Wir geben auch seit dieser Zeit keine Wurmtabletten als Prophylaxe mehr, sondern testen quartalsweise auf Würmer. Bisher hatte er keine.

Gesundheit

Überblick

© Daniela Sickinger

Es gibt Hunde wie Pablo, die einerseits einen großen Aufruhr veranstalten können, wenn ein kleines Stöckchen an ihrer Pfote hängt. Andererseits ist es bei ihm nicht immer offensichtlich, wenn er sich unwohl fühlt oder ihm übel ist. Hunde haben eine bemerkenswerte Fähigkeit, Schmerzen zu ertragen und Krankheitssymptome zu verbergen.

Daher ist es wichtig, auf subtile Anzeichen zu achten und sensibel auf Veränderungen im Verhalten und der körperlichen Verfassung des Hundes zu reagieren, um rechtzeitig Hilfe zu suchen, wenn es ihm nicht gut geht.

Es ist immer eine sehr belastende Situation, wenn man seinen geliebten kleinen Hund krank sieht, denn Hunde können - ähnlich wie Säuglinge - nicht in Worten ausdrücken, was sie bedrückt oder schmerzt.

In den kommenden Abschnitten werden wir uns verschiedenen Aspekten der Havaneser-Gesundheit widmen, angefangen bei der allgemeinen Gesundheitsvorsorge bis hin zur Vorbeugung von Parasitenbefall und der Erkennung von Erbkrankheiten. Wir werden uns auch mit Themen wie Verdauungsgesundheit und Giftstoffen im Haushalt beschäftigen.

58

Mein Ziel ist es, dir praktische Ratschläge und Informationen zur Verfügung zu stellen. Bitte beachte jedoch, dass dieser Ratgeber kein Ersatz für tierärztliche Beratung ist. Wenn du Fragen oder Bedenken bezüglich der Gesundheit deines Havanesers hast, wende dich bitte immer an einen Tierarzt.

Es ist wichtig zu betonen, dass jeder Havaneser einzigartig ist und individuelle Bedürfnisse hat. Was für den einen Hund funktioniert, mag für einen anderen nicht unbedingt das Richtige sein. Daher ist es ratsam, deinen Havaneser gut zu beobachten und auf seine spezifischen Bedürfnisse einzugehen, sowie auf dein Bauchgefühl zu hören.

Hypoallergener Havaneser

Es gibt Menschen, die auf Hunde allergisch reagieren. Der Havaneser wird oft als hypoallergene Rasse bezeichnet, da er bei Personen, die normalerweise auf Hunde allergisch reagieren, weniger häufig Reaktionen auslöst, Der Hauptgrund hierfür ist, dass Havaneser wenig bis gar nicht haaren. Ihr Fell ähnelt eher menschlichem Haar und neigt dazu, weniger Allergene freizusetzen, die üblicherweise Reaktionen auslösen. Allergene sind Substanzen, die Symptome wie Niesen, Juckreiz, Hautausschlag oder Atembeschwerden hervorrufen können.

Es ist jedoch sehr wichtig, dass du deine individuelle Reaktion auf Haare und Speichel des Havanesers vorab testest, bevor du einen in dein Zuhause aufnimmst. Jeder Mensch reagiert nämlich unterschiedlich auf Allergene, und es gibt keine absolute Garantie, dass du nicht doch allergisch auf einen Havaneser reagierst. Durch direkten Kontakt mit einem Havaneser beim Züchter, bei dem du beispielsweise das Fell berührst und dich in seiner Nähe aufhältst, kannst du herausfinden, ob allergische Symptome auftreten. Ein solcher Test ist unerlässlich, um sicherzustellen, dass du und der Havaneser eine gesunde und allergiefreie Beziehung eingehen könnt.

Wenn du Allergiker bist und einen hypoallergenen Hund aufnehmen möchtest, solltest du beachten, dass dir auf gemeinsamen Reisen nur die Zimmer für Hunde zur Verfügung stehen und das kann wiederum allergische Reaktionen bei dir auslösen. Deshalb ist es wichtig, dass du dich vorher informierst, ob es in deinem Reiseziel geeignete Unterkünfte für dich und deinen Hund gibt. Gegebenenfalls musst du auf ein eigenes Wohnmobil oder zelten ausweichen, wenn du deinen Hund mitnehmen möchtest.

Gesundheitsvorsorge

Tierärztliche Untersuchungen sind ein wesentlicher Bestandteil der Gesundheitsvorsorge für deinen Havaneser. Durch regelmäßige Besuche beim Tierarzt kannst du sicherstellen, dass potenzielle Gesundheitsprobleme frühzeitig erkannt und behandelt werden. Dein Tierarzt sollte deinen Havaneser mindestens einmal jährlich gründlich untersuchen, den Impfstatus überprüfen und auf mögliche Krankheitssymptome achten.

Impfungen spielen eine Rolle bei der Vorbeugung von Infektionskrankheiten. Die Impfempfehlungen können je nach Region und individuellem Risiko variieren. Einige Impfungen bieten langanhaltenden Schutz von mindestens drei Jahren, obwohl einige Tierärzte jährliche Auffrischungsimpfungen empfehlen. Bitte lasse dir daher den Beipackzettel zeigen, dort steht der Mindestschutz der jeweiligen Impfung. Diesen solltest du auch in deinen Impfpass eintragen lassen. Eine Titerbestimmung vor der nächsten Impfung kann eine Option sein, um den Immunschutz zu überprüfen und zu prüfen, ob wirklich eine Auffrischungsimpfung notwendig ist. Für Auslandsreisen ist die Tollwutimpfung in der Regel gesetzlich vorgeschrieben. Es ist ratsam, die Tollwutimpfung nicht gemeinsam mit anderen Impfungen zu spitzen, um Nebenwirkungen zu begrenzen.

Eine ausgewogene und gesunde Ernährung ist sehr gut für die Gesundheit deines Havanesers. Hierzu habe ich ein eigenes Kapitel „Ernährung" in diesem Buch.

Neben der Ernährung ist Bewegung ein wichtiger Faktor. Regelmäßige Spaziergänge und ausreichend Bewegung tragen dazu bei, die Muskeln und Gelenke deines Hundes zu stärken und Übergewicht zu vermeiden. Achte darauf, dass die körperliche Aktivität den Bedürfnissen deines Havanesers entspricht und passe sie gegebenenfalls an das Alter und die individuelle Fitness an. Im Kapitel „Aktivitäten und Spielideen" findest du mehr Informationen hierzu.

© smilla_havaneser

Die Zahngesundheit ist ein oft unterschätzter Aspekt der Gesundheitsvorsorge. Regelmäßige Zahnpflege ist wichtig, um Zahnbelag, Zahnstein und Zahnfleischerkrankungen vorzubeugen. Es gibt verschiedene Möglichkeiten der Zahnpflege, darunter regelmäßiges Zähneputzen mit spezieller Hunde-Zahnpasta und -bürste. Erfolge erzielen einige Hundebesitzer auch mit einer Ultraschall-Zahnbürste für Hunde sowie zahnpflegenden Kauartikeln oder der Zugabe von zahnreinigenden Zusätzen zum Futter. Es ist ratsam, frühzeitig zu beginnen, um deinen Havaneser an das Prozedere zu gewöhnen. Zudem solltest du regelmäßig die Zähne deines Hundes auf Verfärbungen, Zahnstein oder Zahnfleischprobleme untersuchen und bei Bedarf den Tierarzt aufsuchen.

Übergewicht kann zu verschiedenen gesundheitlichen Problemen führen, wie Gelenkproblemen, Herz-Kreislauf-Erkrankungen und erhöhtem Risiko für Diabetes. Achte darauf, dass dein Havaneser eine gesunde Körperkondition beibehält und das Idealgewicht erreicht. Eine ausgewogene Ernährung, angemessene Portionen und regelmäßige Bewegung sind wichtige Faktoren, um Übergewicht zu vermeiden. Die Taille sollte gut sichtbar sein und du solltest die Rippen fühlen können, ohne sie zu sehen.
Wenn du unsicher bist, ob dein Hund das richtige Gewicht hat, kannst du dich mit deinem Tierarzt beraten und gegebenenfalls einen Diätplan erstellen.
Da Pablo zuhause nicht allein auf der Personenwaage ruhig stehen bleibt, habe ich mir angewöhnt mich gemeinsam mit dem Hund auf dem Arm und dann ohne ihn zu wiegen. Das Differenzgewicht ist dann Pablos Gewicht. In der Regel kontrolliere ich auf diese Weise 1x pro Monat Pablos Gewicht. In der Welpenzeit habe ich öfter gewogen, um sicher zu gehen dass er langsam aber beständig wächst und zunimmt.

Giftige Substanzen und Gefahren im Haushalt

Es gibt bestimmte Pflanzen und Lebensmittel, die giftig für Hunde sein können. Die folgende Liste der giftigen Pflanzen und Lebensmittel ist nicht abschließend. Wenn du vermutest, dass dein Hund etwas Giftiges gefressen hast, gehe umgehend zum Tierarzt oder in die nächste Tierklinik.

Pflanzen	Lebensmittel
• Azaleen	• Alkohol
• Buchsbaum	• Avocado
• Eibe	• Hefeteig
• Efeu	• Knoblauch
• Herbstzeitlose	• Koffeinhaltige Produkte
• Kirschlorbeer	• Macadamia Nüsse
• Krokus	• Rohe Bohnen
• Maiglöckchen	• Rosinen
• Oleander	• Schokolade / Kakao
• Rhododendron	• Süßstoffe wie Xylit (Birkenzucker, E967, Zuckeralkohol)
• Tulpen	• Weintrauben
• Weihnachtsstern	• Zwiebel

Es ist wichtig, sich über potenzielle Gefahrenquellen im Haushalt bewusst zu sein.

Hier sind noch weitere wichtige Punkte, die du beachten solltest:

Viele im Haushalt verwendete Chemikalien und Reinigungsmittel können für Havaneser giftig sein. Vermeide den Einsatz von starken Chemikalien, insbesondere solchen, die Bleichmittel, Pestizide oder andere toxische Substanzen enthalten. Achte darauf, dass Reinigungsmittel sicher verschlossen und außerhalb der Reichweite deines Hundes aufbewahrt werden. Verwende bei Bedarf haustierfreundlichere Alternativen oder spüle Oberflächen sehr gründlich ab, um eventuelle Rückstände zu entfernen.

Auch Medikamente für Menschen, verschreibungspflichtige als auch rezeptfreie, wie Paracetamol oder ibuprofen können für Hunde giftig sein.

Auch im Garten oder bei Spaziergängen gibt es potenzielle Gefahren für deinen Havaneser. Vermeide selbst den Einsatz von giftigen Pestiziden oder Düngemitteln auf deinem Rasen oder in deinem Garten. Achte darauf, dass dein Hund keinen Zugang zu giftigen Pflanzen hat und dass er keine chemisch behandelten Flächen oder Pflanzen berührt. Einige Hunde haben starke Probleme mit dem Magen oder Darm bis hin zu blutigen Durchfällen, wenn sie an frisch gedüngten Feldern vorbeigehen. Sei aufmerksam bei Spaziergängen und halte deinen Hund von giftigen Substanzen wie Schneckenkörnern oder giftigen Abfällen fern. Leider gibt es auch Personen, die Gift für Hunde auslegen, sei es Rattengift in Fleischbällchen oder mit Rasierklingen gespickte Wurst. An Ideen mangelt es leider nicht.

Am besten bringe deinem Hund von Anfang an bei, dass er nichts draußen fressen darf, was du ihm nicht freigibst. Hundeschulen bieten dafür ein spezielles Giftködertraining an.

Parasiten, Zecken und Flohbekämpfung

Parasiten können nicht nur unangenehm für deinen Havaneser sein, sondern auch gesundheitliche Probleme verursachen. Es ist wichtig, regelmäßige Vorkehrungen zur Bekämpfung von Parasiten zu treffen.

Floh- und Zeckenprävention

Wenn dein Hund von Flöhen befallen ist, gibt es einige Anzeichen, die du bemerken kannst. Flohbisse können starken Juckreiz und Hautirritationen verursachen, was dazu führt, dass sich der Hund häufig kratzt oder leckt. Es ist wichtig, diese Anzeichen zu erkennen, um eine entsprechende Behandlung einzuleiten.

Um herauszufinden, ob dein Hund Flöhe hat, kannst du einen Flohkamm verwenden. Gehe mit dem Kamm gründlich durch das Fell deines Vierbeiners, insbesondere entlang des Rückens, am Rutenansatz, um die Ohren herum und an den Hinterbeinen. Achte auf kleine, schwarze Krümel, die sich auf dem Kamm ansammeln. Es könnte sich um Flohkot oder Floheier handeln.

Um herauszufinden, ob es sich tatsächlich um Flohkot handelt, kannst du das Küchen-papier-Testverfahren anwenden. Streiche den Flohkamm über ein angefeuchtetes, wei-ßes Küchenpapier und reibe dann das Papier zwischen deinen Fingern. Wenn sich die Krümel rot verfärben oder einen rötlichen Fleck auf dem Papier hinterlassen, handelt es sich höchstwahrscheinlich um Flohkot. Dieser rote Fleck entsteht, weil sich Flohkot bei Kontakt mit Feuchtigkeit auflöst und das Blut abgibt, das die Flöhe zuvor vom Hund ge-saugt haben.

Es ist wichtig zu beachten, dass es auch andere Ursachen für Juckreiz und Hautirrita-tionen bei Hunden geben kann. Wenn du den Verdacht hast, dass dein Hund Flöhe hat, ist es ratsam, einen Tierarzt aufzusuchen, um eine genaue Diagnose zu erhalten und eine Therapie durchzuführen. Wichtig ist neben der optimalen Behandlung des Hundes auch die Reinigung seiner Umgebung inklusive seiner Liegeflächen, Kissen und De-cken.

© Daniela Sickinger

Zeckenkontrolle

Insbesondere bei Spaziergängen im Grünen besteht die Gefahr von Zeckenbefall, je nach Region leider das gesamte Jahr über. Untersuche deinen Havaneser regelmäßig auf Zecken. Achte dabei besonders auf versteckte Stellen wie Ohren, Pfoten, Achselhöhlen und den Bauchbereich. Ich habe auch schon Zecken an den Hoden, im Ohr und über dem Auge gefunden.

Falls du eine Zecke entdeckst, entferne sie umgehend. Es gibt für bereits festgebissene Zecken spezielle Pinzetten, Haken oder Zeckenkarten. Manchmal geht es mit etwas längeren Fingernägeln auch sehr gut.

Achte dabei auch darauf, den Zeckenkörper vollständig zu entfernen, um Infektionen zu vermeiden. Falls mal ein Stück des Kopfes stecken bleibt, ist das kein Grund zur Panik. Mache am besten nach der Entfernung ein Wundspray auf die kleine Wunde. Manchmal bleibt auch ein kleiner Knubbel zurück, der nach wenigen Tagen wieder verschwinden sollte.

Zecken können leider verschiedene Krankheiten übertragen, darunter Lyme-Borreliose, Anaplasmose, Babesiose oder Ehrlichiose sowie FSME (Frühsommer-Meningoenzephalitis). Solltest du Anzeichen wie Fieber, Appetitlosigkeit, Gelenkschmerzen oder Verhaltensänderungen bei deinem Havaneser bemerken, konsultiere umgehend deinen Tierarzt.

Um Zecken abzuwehren, gibt es unterschiedliche Hausmittel aber auch chemische Produkte. Ich habe bereits sehr viel ausprobiert und versuche am Jahresanfang bis fast in den späten Frühling hinein mit Hausmitteln zu Rande zu kommen. Leider hat es sich in den letzten Jahren gezeigt, dass die Zahl der Zecken steigt. Daher greife ich meistens ab Mai zu einem Spot on, den ich beim Tierarzt kaufe. Von der Tablettengabe sehe ich ab, da ich schon einiges Kritisches dazu gelesen habe und Pablo auf vieles sehr sensibel reagiert.

Es ist wichtig, dass du mit deinem Tierarzt sprichst, um das richtige Zeckenschutzprodukt für deinen Hund auszuwählen. Es ist auch zu berücksichtigen, ob Kinder mit im Haushalt leben und ggf. mit dem gewählten Mittel in Kontakt kommen.

Aus meiner Sicht gibt es leider nicht das optimale Produkt, jedes hat Vor- und Nachteile. Probiere aus und teste, auf Verträglichkeit und Schutz.

Mit Hausmitteln und Chemie gegen Zecken und Co.

Hausmittel

Obwohl es einige Berichte über positive Ergebnisse gibt, sind keine ausreichenden wissenschaftlichen Studien vorhanden, um ihre Effektivität zu bestätigen.

- Kokosöl auf die Haut auftragen bzw. über das Essen geben
- Zistrose Pulver
- Mischung aus Wasser und Essig (hilft auch gegen Flöhe)
- EM Ketten oder Bernstein Ketten

Chemische Mittel (Antiparasitika)

Es gibt verschiedene wirksame Zeckenschutzprodukte für Hunde auf dem Markt. Hier sind einige gängige Optionen:

- Spot-on-Präparate werden auf die Haut des Hundes aufgetragen, in der Regel zwischen den Schulterblättern. Sie bieten einen langanhaltenden Schutz vor Zecken, da sie Wirkstoffe enthalten, die Zecken fern halten oder abtöten. Sie wirken circa vier bis sechs Wochen.
- Zeckenhalsbänder enthalten in der Regel abwehrende Substanzen, die langsam freigesetzt werden und Zecken abhalten. Einige Halsbänder enthalten auch Wirkstoffe, die Zecken töten können.
- Zeckensprays, die auf das Fell des Hundes gesprüht werden, um Zecken abzuwehren. Diese Sprays enthalten abwehrende Substanzen und bieten einen temporären Schutz und müssen täglich aufgetragen werden.
- Zeckentabletten, die oral verabreicht werden und Zecken abtöten, wenn sie den Hund beißen. Diese Tabletten wirken systemisch und können eine schnelle und effektive Lösung bieten.

Herbstgrasmilben

Herbstgrasmilben sind winzige Milben, die im Gras und Laub leben. Sie sind besonders in den wärmeren Monaten des Herbstes aktiv, normalerweise zwischen August und Oktober. Diese unsichtbaren Plagegeister haben die Fähigkeit, bei Menschen und Tieren allergische Reaktionen und Hautreizungen hervorzurufen. Zu den Symptomen gehören Juckreiz, Hautausschläge und rote, erhabene Stellen.

Damit dein Havaneser den Herbst in vollen Zügen genießen kann, ist es wichtig, Schutzmaßnahmen gegen Herbstgrasmilben zu ergreifen:

- Vermeide betroffene Gebiete: Während der Hauptsaison (August - Oktober) meide Orte, an denen Herbstgrasmilben gerne anzutreffen sind, wie Waldränder und trockene Wiesen.
- Duschen oder Abwischen: Eine Dusche nach dem Spaziergang oder das Abwischen mit einem feuchten Tuch kann dazu beitragen, eventuell haftende Milben zu entfernen.
- Antiparasitikum verwenden: Schütze Deinen Havaneser mit geeigneten Antiparasitika gegen Herbstgrasmilben. Hierbei stehen verschiedene Optionen zur Verfügung, darunter Spot-on-Präparate, Halsbänder sowie Shampoos und Sprays. Viele Antiparasitika wirken gegen Flöhe, Zecken und Milben gleichzeitig.

Würmer

Würmer wie Spulwürmer, Hakenwürmer und Bandwürmer können gesundheitliche Probleme verursachen. Einige Hundebesitzer geben daher ihrem Vierbeiner regelmäßig ein Wurmmittel. Bedenke: Wurmmittel sind keine Vorsorge vor Würmern, sondern bekämpfen nur tatsächlich vorhandene Würmer und Wurmeier. Du kannst vor der Gabe von Wurmmitteln auch deinen Hund auf Würmer untersuchen lassen und nur reagieren, wenn er tatsächlich Würmer hat. Dies schont den Verdauungstrakt. Die Untersuchung auf Würmer erfolgt über eine Kotuntersuchung, in der Regel sammelst du an mehreren

Tagen den Kot und lässt diesen vom Tierarzt untersuchen. Es gibt jedoch auch weitere Unternehmen, die ihren Service direkt online anbieten.

Grannen

Grannen sind schmale, spitze Pflanzenteile, die beispielsweise an Gräsern oder Weizen, Gerste und Hafer vorkommen. Sie heften sich an vorbeikommende Hunde an. Mit ihren spitzen Enden können sie in die Haut eindringen, weiterwandern und Schmerzen und Entzündungen verursachen. Manchmal müssen sie operativ entfernt werden. Daher solltest du deinen Hund vor allem in den Sommermonaten nach einem Spaziergang danach absuchen.

Verdauung und Ernährung

Ausgewogene Ernährung: Sorge für eine ausgewogene und hochwertige Ernährung für deinen Havaneser. Wähle qualitativ, hochwertiges Hundefutter, das den Nährstoffbedarf deines Hundes deckt und auf seine spezifischen Bedürfnisse abgestimmt ist.

Fütterungsplan und Portionskontrolle: Erstelle einen Fütterungsplan, der angemessene Mahlzeiten und Portionen enthält. Übergewicht kann zu Verdauungsproblemen führen, daher ist es wichtig, das Gewicht deines Hundes im Auge zu behalten und die Futterportionen entsprechend anzupassen.

Qualität der Lebensmittel: Achte darauf, dass die Lebensmittel, die du deinem Havaneser gibst, sicher und für Hunde geeignet sind. Halte dich auch an hundefreundliche Snacks und Belohnungen, die speziell für Hunde hergestellt werden.

Hydratation: Stelle sicher, dass dein Havaneser immer Zugang zu frischem Wasser hat. Eine ausreichende Flüssigkeitszufuhr ist wichtig für eine gesunde Verdauung und den allgemeinen Zustand deines Hundes. Halte die Wasserschale sauber und fülle sie regelmäßig auf. Nimm auch im Sommer Wasser auf Deine Gassigänge mit.

Verdauungsprobleme: Achte auf Anzeichen von Verdauungsproblemen wie Durchfall, Verstopfung, regelmäßiges Erbrechen oder Blähungen. Wenn du Veränderungen im Stuhlgang oder andere Verdauungsprobleme feststellst, konsultiere deinen Tierarzt. Es kann sein, dass eine Anpassung der Ernährung oder eine Untersuchung erforderlich ist, um mögliche gesundheitliche Probleme auszuschließen.

Notfallvorsorge

Es ist ratsam, eine Notfallvorsorge für deinen Havaneser einzurichten. Halte wichtige Kontaktdaten von Tierärzten, Tierkliniken und Giftnotrufzentralen bereit. Erste-Hilfe-Maßnahmen für häufig auftretende Notfallsituationen wie Verletzungen, Verschlucken von Fremdkörpern oder plötzliche Erkrankungen sollten bekannt sein. Besorge dir auch eine gut ausgestattete Erste-Hilfe-Ausrüstung (sterile Verbände, sterile Augenspülung, Zeckenhaken etc.) für Hunde.

Bevor Du in Urlaub fährst, suche Dir bitte die entsprechenden Rufnummern und Adressen an deinem Reiseziel heraus.

© Daniela Sickinger

Erbkrankheiten

Das Gute vorweg: Havaneser sind in der Regel sehr gesund und können ein hohes Alter erreichen. Sie haben keine typischen Krankheiten, die nur bei ihrer Rasse vorkommen. Sie können jedoch auch Krankheiten, die eine OP nach sich ziehen oder chronische Krankheiten entwickeln, und das obwohl der Züchter streng darauf geachtet hat, nur gesunde Tiere zu verpaaren. Havaneser können wie andere kleine Hunderassen, zum Beispiel der Pudel oder der Shih Tzu, eine Patellaluxation (PL) bekommen. Das bedeutet, dass die Kniescheibe aus dem Gelenk springt, weh tut und das Bein lahm wird. Außerdem können Havaneser Augenprobleme haben, die sie blind werden lassen.

Augenkrankheiten

Havaneser haben große, dunkle beziehungsweise bernsteinfarbene Augen, die sehr ausdrucksstark sind. Leider sind sie anfällig für Augenkrankheiten wie Grauen Star (Katarakt) oder Progressive Retina-Atrophie (PRA). Grauer Star ist eine Trübung der Augenlinse, die zu Sehstörungen oder Blindheit führen kann. PRA ist eine degenerative Erkrankung der Netzhaut, die ebenfalls zur Erblindung führt. Beide Krankheiten können erblich bedingt sein und treten meist im mittleren bis höheren Alter auf.
Du solltest regelmäßig die Augen deines Hundes kontrollieren und bei Anzeichen von Rötung, Ausfluss oder Trübung zum Tierarzt gehen. Eine frühzeitige Diagnose und Behandlung kann das Fortschreiten der Krankheit verlangsamen oder stoppen.

Um das Risiko für Augenkrankheiten zu verringern, solltest du deinen Havaneser nur von einem seriösen Züchter kaufen, der dir die Untersuchungsergebnisse der Elterntiere zeigt.

Kniegelenksprobleme

Havaneser lieben es, zu rennen und zu toben. Dabei kann es aber zu Problemen mit den Kniegelenken kommen, vor allem zu einer sogenannten Patellaluxation (PL). Das bedeutet, dass die Kniescheibe aus ihrer normalen Position rutscht und Schmerzen oder Lahmheit verursacht. PL kann angeboren sein oder durch einen Unfall entstehen. Es gibt verschiedene Schweregrade von PL, die von einer gelegentlichen Verschiebung bis zu einer dauerhaften Verrenkung reichen.

Es ist ratsam Welpen nicht Treppen laufen oder über zu hohe Hindernisse springen zu lassen. Wenn du bemerkst, dass dein Hund humpelt, sein Bein ausschüttelt oder beim Laufen hoch hält, solltest du zum Tierarzt gehen. Je nach Schweregrad kann PL mit Medikamenten, Physiotherapie oder einer Operation behandelt werden.

Um das Risiko für PL zu verringern, solltest du deinen Havaneser nur von einem seriösen Züchter kaufen, der dir die Untersuchungsergebnisse der Elterntiere zeigt. Außerdem solltest du darauf achten, dass dein Hund nicht übergewichtig wird und genügend Bewegung bekommt.

Erfahrungsberichte

Julia (Instagram Account: hav_you_met_paule)
Paule und das gebrochene Bein

Als ich mir gerade meine Nägel auf der Couch kürzen wollte, sprang Paule plötzlich mit voller Energie auf die Couch. Normalerweise durfte er das, aber diesmal lagen dort scharfe Werkzeuge wie ein Nagelknipser, eine Nagelschere und verschiedene Feilen. Ich wollte nicht, dass er sich verletzt, also entschied ich mich, ihn behutsam von der Couch zu nehmen. Doch zu meiner Überraschung wehrte er sich vehement und wand sich so sehr, dass ich ihn nicht halten konnte. Er fiel aus der Höhe der Couch und quiekte kurz, während er sein linkes Hinterbein nach hinten streckte. In diesem Moment wusste ich sofort, dass etwas passiert sein musste.

Da es Freitagnachmittag war, machten wir uns eilig auf den Weg zur notdiensthabenden Tierärztin, die eine halbe Stunde entfernt war. Dort angekommen, wurde Paule geröntgt. Auf dem ersten Röntgenbild war nicht klar erkennbar, was genau passiert war. Um Gewissheit zu erlangen, entschieden wir uns, Paule leicht zu betäuben und erneut zu röntgen. Dabei wurde deutlich, dass sein Wadenbein eine Schrägfraktur aufwies.

Um den Bruch zu richten und einen Verband anzulegen, musste Paule vollständig betäubt werden. Glücklicherweise war kein zusätzlicher Gips erforderlich, da das Schienbein bereits ausreichend geschient war. Die Tierärztin erklärte mir, dass die Heilung voraussichtlich etwa sechs Wochen dauern würde. In den ersten Tagen erhielt Paule Schmerzmedikamente und Nahrungsergänzungsmittel für seine Gelenke. Obwohl er normal belasten durfte, sollten wir darauf achten, dass er nicht herumsprang, umherflitzte oder von der Leine gelassen wurde.

In den folgenden Wochen mussten wir regelmäßig den Verband wechseln. Nach fünf Wochen wurde ein Kontrollröntgenbild gemacht, das zeigte, dass der Bruch ordentlich verheilte. Gemeinsam mit dem Tierarzt entschieden wir, dass der Verband entfernt werden konnte. Paule musste sich dann noch weitere zwei Wochen schonen, aber er hielt sich von selbst daran. Danach begann ich langsam, die Muskulatur seines Hinterlaufs wieder zu stärken. Wir unternahmen längere Spaziergänge, übten das Stehen auf den Hinterläufen und trainierten auf unebenem Untergrund.

Ich bin wirklich dankbar, dass der Bruch so gut verheilt ist. Es war eine herausfordernde Zeit, aber wir hatten Glück, dass es sich um einen vergleichsweise einfachen Bruch handelte. Jetzt kann ich erleichtert sagen, dass Paule wieder vollständig genesen ist und sein Fell nach zweimaligem Scheren wieder die gleiche Länge hat wie zuvor. Wir haben wirklich großes Glück gehabt!

Sergej (Instagram-Account: balu_themaltese)
Barneys Bericht - Hüftdysplasie

Ich möchte unsere Erfahrungen mit Hüftdysplasie teilen. Im Alter von 12 Monaten wurde bei Barney, meinem Havaneser, diese erblich bedingte Krankheit, die sein Hüftgelenk beeinträchtigte, diagnostiziert. Doch dank der richtigen Behandlung und der Unterstützung von Physiotherapie hat er heute wieder ein normales Leben.

Nach der Diagnose war ich sehr besorgt und ängstlich, aber ich wusste, dass eine Operation unumgänglich war, um Barney zu helfen. Die OP verlief erfolgreich, obwohl sie mehrere Stunden dauerte. Es war eine Herausforderung, ihn danach zu sehen, wie er wieder laufen lernen musste.

Um seine Genesung zu unterstützen, haben wir uns für eine begleitende Physiotherapie entschieden. Diese Behandlungsmethode spielte eine wichtige Rolle in Barney's Rehabilitation. Wasserlaufen half ihm dabei, seine Muskeln zu stärken und die Gelenke zu entlasten. Zudem wurden Massagebälle eingesetzt, um Verspannungen zu lösen und die Durchblutung zu fördern. Barney hat immer super mitgemacht.

Die Fortschritte waren bemerkenswert. Woche für Woche konnte Barney besser laufen und seine Schritte wurden fester.

Heute, Monate nach der Operation und intensiver Physiotherapie, bin ich überglücklich, dass Barney sich vollständig erholt hat. Er kann wieder schmerzfrei laufen und sein fröhliches Wesen ist zurückgekehrt.

Zweithund

Überblick

Havaneser sind Gesellschaftshunde und lieben es, in der Nähe ihrer Besitzer zu sein. Doch auch der Kontakt zu Artgenossen bietet ihnen wertvolle Spiel- und Kuschelpartner. Ein Zweithund kann die Lebensqualität deines Hundes erheblich steigern, indem er ihm Gesellschaft leistet, wenn du mal nicht da bist oder keine Zeit für ihn hast. Ein weiterer Hund kann deinen dazu motivieren, mehr zu fressen, zu spielen und sich zu bewegen, was sich positiv auf seine Gesundheit und Wohlbefinden auswirken kann.

Doch welcher Hund passt nun am besten zu einem Havaneser? Grundsätzlich sind Havaneser sehr verträglich mit anderen Hunden, solange sie gut sozialisiert und erzogen sind. Es spielt keine Rolle, ob der Zweithund ebenfalls ein Havaneser ist. Viel wichtiger ist es, dass der Charakter und das Temperament des zweiten Hundes gut zum Havaneser passen. Ein gesundes Selbstbewusstsein, Freundlichkeit und Aufgeschlossenheit sind dabei wichtige Merkmale.

Es gibt einige Hunderassen, die besonders gut mit Havanesern harmonieren können. Betrachten wir zum Beispiel den bezaubernden Bichon Frisé. Mit seiner fröhlichen und verspielten Art ähnelt er dem Havaneser nicht nur im Aussehen, sondern auch im Wesen. Ein weiches Fell und regelmäßige Pflege gehören zu seinen Merkmalen.

Auch der liebevolle Malteser kann ein perfekter Partner für deinen Havaneser sein. Mit seinem langen, weißen Fell und seinem Bedürfnis nach Aufmerksamkeit schafft er eine wunderbare Ergänzung.

Der Shih Tzu, etwas größer als der Havaneser, besticht durch Charme, Selbstbewusstsein und Anpassungsfähigkeit. Sein seidiges Fell benötigt jedoch eine besondere Pflege.

Der Zwergpudel wiederum, etwas kleiner als der Havaneser, zeichnet sich durch Intelligenz, Lebhaftigkeit und Geselligkeit aus.

Natürlich gibt es noch viele weitere Hunderassen, die gut zum Havaneser passen können.

Wichtig ist, dass du dich vor der Entscheidung gut über die jeweilige Rasse informierst. Jeder Hund hat seine eigenen Bedürfnisse und Eigenschaften, die berücksichtigt werden sollten, um eine optimale Harmonie zu gewährleisten.

Nun, da du eine Vorstellung davon hast, welcher Zweithund zu deinem Havaneser passen könnte, stellt sich die Frage, wie du den neuen Hund einführen sollst. Die Eingewöhnung sollte so stressfrei wie möglich für alle gestaltet werden.

Hier sind einige Tipps, die dir dabei helfen können:
- **Achte auf das Geschlecht und das Alter des Zweithundes:** Beachte, wie dein Havaneser bzw. Ersthund sich generell mit Hunden gleichen oder unterschiedlichen Geschlechts versteht. Überlege auch, ob du dich für einen Welpen, einen Junghund oder einen Senior als Zweithund entscheiden möchtest. Diese Faktoren können die Harmonie zwischen den beiden Hunden erheblich beeinflussen.
- **Beachte die Größe, Aktivität und das Temperament:** Havaneser sind kleine, verspielte und anhängliche Hunde. Wenn du einen größeren Hund als Zweithund wählst, achte darauf, dass er nicht zu grob mit deinem Havaneser umgeht. Ein ruhigerer oder älterer Hund sollte nicht überfordert werden. Das Temperament des Zweithundes sollte zum freundlichen und aufgeschlossenen Wesen des Havanesers passen.
- **Lass sich die Hunde auf neutralem Boden kennenlernen:** Wähle einen Ort aus, der für beide Hunde neu ist und in dem sie sich frei bewegen können. Eine eingezäunte Wiese eignet sich gut dafür. Dadurch vermeidest du territoriales Verhalten und mögliche Eifersucht. Lasse die beiden Hunde an der Leine schnuppern und beobachte ihre Körpersprache. Wenn sie entspannt und neugierig sind, kannst du sie nach einer Weile von der Leine und miteinander kommunizieren oder spielen lassen. Natürlich solltest du jederzeit eingreifen können, falls es zu Streitigkeiten oder Aggressionen kommt.
- **Lass deinem Ersthund den Schlafplatz und Futterplatz wie er es gewohnt ist.** Schaffe noch ein zweites Bettchen an und richte einen zweiten Futterplatz ein, nun hat dein Ersthund nicht das Gefühl etwas weggenommen zu bekommen. Somit können die Hunde später selbst entscheiden, ob sie zusammen schlafen und essen möchten oder nicht.

- **Lobe beide Hunde für ihr gutes Verhalten** und belohne sie mit Leckerlis oder Spielzeug. So schaffst du eine positive Verbindung zwischen den beiden Hunden. Mit der Zeit kannst du die gemeinsamen Aktivitäten und Spaziergänge zwischen den Hunden ausweiten, um eine sanfte Gewöhnung und den Aufbau einer starken Bindung zu fördern.

Vermeide Eifersucht und Vernachlässigung, indem du beiden Hunden gleichermaßen Aufmerksamkeit schenkst. Klare Regeln und Grenzen für beide Hunde schaffen eine stabile und ausgeglichene Dynamik.

Ein zweiter Hund kann eine wunderbare Wahl sein, wenn du bereit bist, dich um mehrere Hunde zu kümmern und ihnen gerecht zu werden.

Das Zusammenführen von zwei Hunden erfordert manchmal etwas Geduld, Zeit und Engagement. Doch die Belohnung, eine harmonische und liebevolle Beziehung zwischen deinem Havaneser und deinem Zweithund zu erleben, ist großartig.

Erfahrungsberichte

Andrea Korte (Instagram-Account: sir.niks)
Die Herausforderungen im Zusammenleben mit mehreren Hunden

Als erster Hund kam Joy, unsere kleine Malteserdame zu uns. Nach drei Jahren folgte unsere Prinzessin Minimalteser Lou. Wir dachten, es wäre für alle schöner, einem zweiten Hund ein Zuhause zu geben, vor allem für Joy.

Leider starb Lou nach sechs Jahren an Krebs. Uns war klar, dass wieder ein zweiter Hund einziehen muss. Das war jedoch nicht einfach. Wir waren bei so vielen Züchtern, aber nie passte es und eigentlich wollten wir doch einem Hund aus dem Tierschutz ein neues Zuhause geben. Wir

Links: Niks, rechts: Joy

hatten die Suche schon fast aufgegeben, bis ich an einem Sonntag doch noch mal ins Internet schaute und da war er… unser Sir Niks Harrison. 6 Monate alt aus Spanien, wir hatten uns alle sofort in ihn verliebt. Direkt Kontakt aufgenommen und 4 Tage später war er schon bei uns. 2 Jahre hat es mit viel Liebe und Vertrauen gebraucht, um aus diesem kleinen Streuner einen verschmusten und treuen Gefährten zu formen.

Einige Zeit später kam Jill …
Mein Mann ist Jäger und hat immer gesagt, wenn er irgendwann mal ein eigenes Revier hat, möchte er einen kleinen Münsterländer. Ja, wir gingen dann auf die Suche und einige Monate später war es soweit, somit zog Hund Nr. 3 ein.

Joy und Jill verstanden sich leider gar nicht, Niks hat Joy immer vor Jill beschützt. Leider verstarb unsere Joy an Krebs. Nach der langen Trauerphase bei Niks und uns habe ich mich intensiv mit Jill und Niks beschäftigt. Ich habe darauf geachtet, dass wir gleichzeitig spielen und kuscheln. Durch den Verlust von Joy ging es plötzlich zwischen Jill und Niks auch nicht gut. Ich habe jedoch nicht aufgegeben und heute sind sie wie Bruder und Schwester. Mein Tipp: Mit Zeit, Geduld und Liebe, bekommt man alles hin.

Links: Jill, rechts: Niks

Ja, es gibt grundsätzlich keinen richtigen Grund für einen zweiten Hund. Es ist einfach durch unser Leben und Interessen dazu gekommen.

Was auf alle Fälle schwierig bei uns ist: Zwei Hunde unterzubringen, wenn wir mal weg müssen und sie nicht mit können. Die Kinder sind aus dem Haus und wohnen leider nicht in der Nähe. Für Jill haben wir einen Platz bei einem Jagdkollegen gefunden und Niks ging bisher zu einer Freundin mit Hund (sie kann ihn jedoch aktuell nicht mehr nehmen). Niks ist Fremden gegenüber sehr skeptisch; er muss sein Umfeld gut kennen, sonst wird es sehr schwierig. Wir versuchen ihn immer mitzunehmen, was bislang Gott sei Dank immer geklappt hat.

Kerstin Kreklau (Instagram Account: kerstinkreklau)
Doppeltes Havaneserglück

Feebee war mein erster Havaneser und Leni mein zweiter. Im Kapitel "Die Rasse" habe ich bereits meine beiden Hunde charakterlich beschrieben. Jetzt möchte ich dir erzählen, warum ich einen zweiten Hund bekommen habe und wie das Zusammenleben mit zwei Hunden ist.

Als Feebee fast ein Jahr alt war, entschied ich mich dazu, Leni zu mir zu holen. Der Grund dafür war, dass ich Leni als Ersatz für einen besonderen Menschen in meinem Leben brauchte. Und so hatte ich plötzlich zwei Hunde. Heute kann ich mit voller Überzeugung sagen, dass zwei Havaneser die größte Bereicherung für mich sind.

Zu Beginn war es natürlich anstrengend. Als wir Leni von der Züchterin abholten, ließen wir Feebee im Auto, da sie aus hygienischen

Links: Leni, rechts: Feebee

Gründen nicht mit rein durfte. Von Tag eins an haben sich die beiden Hunde geliebt. Leni möchte immer dort sein, wo Feebee ist. Sie liegt lieber auf dem Boden neben Feebees Körbchen, anstatt sich in ihr eigenes Körbchen zu legen. Feebee hätte sicherlich als Einzelhund glücklich sein können, aber Leni nicht.

Ich muss jedoch ehrlich sagen, dass ich bereits am zweiten Tag nach Lenis Ankunft Zweifel hatte, ob es eine gute Idee war, einen zweiten Hund zu holen. Feebee war zu diesem Zeitpunkt bereits stubenrein, und plötzlich hatte ich wieder ein kleines Baby zu Hause. Doch heute liebe ich Leni genauso so sehr wie Feebee. Sie haben beide ihren Platz in meinem Herzen.

Das Zusammenleben mit zwei Havanesern bringt viel Freude, aber auch Verantwortung mit sich. Es ist fantastisch zu sehen, wie sie miteinander spielen und gemeinsam die Welt erkunden. Die Erziehung und das Training erfordern zwar Geduld und Konsequenz, aber es ist absolut lohnenswert.

Ich kann mit Sicherheit sagen, dass der Entschluss, einen zweiten Havaneser in meine Familie aufzunehmen, einer der besten war, die ich je getroffen habe. Feebee und Leni bringen so viel Freude, Liebe und Leben in meinen Alltag. Sie sind einander treue Gefährten und ich bin unendlich dankbar, sie an meiner Seite zu haben.

Natürlich erfordert es Zeit, Aufmerksamkeit und Engagement, aber die Liebe und Bereicherung, die du von beiden Hunden zurückbekommst, ist unbezahlbar.

Marion Williams (www.blogmitwuff.de)
Zwei Havaneserhündinnen wachsen zusammen

Unser Havaneserwelpe Bella kam vor drei Wochen als Zweithund zu uns.
Wir wollten einen Zweithund, damit er unser Ersthündin Buffy Gesellschaft leisten kann. Buffy, unsere Ersthündin hatten wir mit 3,5 Jahren adoptiert. Sie ist auch eine Havaneserhündin und normalerweise an jedem Hund, dem sie begegnet, sehr interessiert. Leider ignorierte sie am Anfang unseren Welpen Bella vollkommen.
Die Zusammenführung von Bella und Buffy wurde bereits beim Züchter vorgenommen, weil wir sehen wollten, ob es grundsätzlich funktioniert. Buffy hatte anfangs ein bisschen Interesse an ihr und einem weiteren Welpen gezeigt. Bella dann jedoch weitgehend ignoriert.

Links: Buffy, rechts: Bella

Der Welpenblues stellte sich dann auch bei uns sehr schnell ein. Wir fragten uns, ob wir die richtige Entscheidung getroffen haben. Haben wir Buffy mit einem zweiten Hund wirklich einen Gefallen getan?

Die Beziehung zwischen den beiden wird nun in der dritten Woche besser, aber ich glaube, das wird auch noch eine ganze Weile dauern, bis beide ein richtiges Team sind. Leider spielt Buffy nicht mit Bella und wir hoffen darauf, dass sich das noch ändert. Aus diesem Grund werden wir demnächst in eine Welpenstunde gehen und Bella zur Sozialisierung auch mit anderen Hunden zusammen bringen.

Man kann festhalten, dass es mit einem Zweithund auf jeden Fall anstrengender ist, als mit einem Einzelhund. Es ist sicherlich von Vorteil, wenn der erste Hund gut erzogen ist, bevor ein weiterer ins Haus kommt. Der zweite, vor allem ein Welpe, kann vom ersten Hund lernen und die Halter profitieren wiederum davon. Wenn der erste jedoch überhaupt nicht hört, wird sich der zweite dies auch genauso abschauen.

Jetzt läuft es bei uns viel besser als am Anfang und ich schaue positiver in die Zukunft.

Kinder

Überblick

Havaneser sind bekannt für ihre sanfte und liebevolle Art, welche sie zu großartigen Begleitern für Kinder macht. In diesem Kapitel werden wir uns mit den besonderen Aspekten befassen, die bei der Haltung eines Havanesers mit Kindern zu beachten sind, sowie mit wichtigen Sicherheitstipps und Regeln für den Umgang mit Hunden und Kindern.

Aufsicht und Verantwortung: Kinder sollten nie unbeaufsichtigt mit einem Havaneser alleine gelassen werden. Ein Erwachsener sollte immer in der Nähe sein, um die Interaktion zu beobachten und sicherzustellen, dass sowohl das Kind als auch der Hund rücksichtsvoll miteinander umgehen.

Verhalten: Kinder sollten lernen, den Havaneser respektvoll zu behandeln und seine Grenzen zu akzeptieren. Sie sollten verstehen, dass Hunde auch ihre Privatsphäre und Ruhezeiten benötigen. Tipp: Eine Box oder eine Decke als Ruhebereich definieren. Wenn der Hund dort liegt, dürfen die Kinder ihn nicht stören.

Kommunikation: Lehre den Kindern, wie sie die Körpersprache des Havanesers richtig interpretieren. Sie sollten lernen, die Zeichen zu erkennen, wenn er gestresst ist oder sich unwohl fühlt und entsprechend reagieren.

Zeichen von Stress sind: Züngeln (der Hund leckt sich ständig über das Maul und Nase), herabhängende bzw zwischen den Beinen eingeklemmte Rute, angelegte Ohren, Lefzen werden nach oben gezogen, knurren, hecheln, gähnen etc.

Spielregeln: Kinder sollten lernen, wie sie angemessen und sicher mit dem Havaneser spielen können. Grobes Spiel oder das Ziehen an Ohren oder Rute müssen vermieden werden. Auch das Ziehen/Zerren an der Leine oder die Nutzung der am Hund angehängten Leine als Springseil ist verboten. Spielt mit dem Hund gemeinsam ruhige Spiele wie Apportieren oder Suchspiele.

Hygiene: Kinder sollten lernen, dass es wichtig ist, sich regelmäßig die Hände zu waschen, insbesondere nach dem Spielen mit dem Hund. Dies hilft, das Risiko von Krankheitsübertragungen zu minimieren.

Training und Sozialisierung: Ein gut erzogener und gut sozialisierter Havaneser wird besser mit Kindern umgehen. Es ist wichtig, den Hund frühzeitig zu trainieren und ihn an verschiedene Situationen und Menschen zu gewöhnen.

Verantwortung übernehmen: Kinder sollten lernen, Verantwortung für die Bedürfnisse des Havanesers zu übernehmen. Dies kann eine einfache Aufgaben wie das Füttern des Hundes oder der gemeinsame Besuch einer Hundeschule sein. Es fördert nicht nur die Bindung zwischen Kind und Hund, sondern lehrt auch wichtige Lektionen über Verantwortung und Fürsorge.

Erfahrungsbericht

Romy Sabatier (Instagram Account: smilla_havaneser)
Smilla, die beste Entscheidung für unsere Familie

Ich möchte dir von unseren Erfahrungen mit Smilla, unserer Havaneser-Hündin, erzählen. Wenn es um die Verträglichkeit mit Kindern geht, ist sie einfach unschlagbar!

Smilla passt sich perfekt unserem Tagesprogramm an. Auch beim Hallenfußballtraining der Kinder ist sie mit dabei. Sie ist so klein, dass wir sie sogar, wenn notwendig, in der Tasche in die Halle schmuggeln können.

Smilla ist eine Meisterin darin, die morgendliche Stimmung zu verbessern. Kein Kind meckert mehr beim Aufstehen, wenn Smilla liebevoll auf sie springt und ihnen durchs Gesicht schlapper. Das sorgt von Anfang an für Lachen und gute Laune.

Und im Auto? Kein Problem! Ein Havaneser passt problemlos zwischen zwei Kinder auf die Rücksitzbank.

Was mich jedoch am meisten beeindruckt, ist die unglaubliche Empathie von Smilla. Sie spürt sofort, wenn ein Kind verletzt ist, weint oder Kummer hat. Letztes Jahr hatte unser Kleiner eine schlimme Platzwunde. Als der Arzt kam, mussten wir Smilla halb gewaltsam aus dem Zimmer nehmen, weil sie ihm nicht von der Seite gewichen ist. Es war so rührend zu sehen, wie sehr sie sich um ihn gesorgt hat.

Und weißt du was? Havaneser lieben Blödsinn genauso wie Kinder. Sie spielen gerne verrückt, und das harmoniert einfach perfekt. Smilla bringt so viel Freude und Leben in unsere Familie.

Wenn du also einen Familienhund suchst, der sich perfekt an euer Tagesprogramm anpasst, auch mal in die Tasche passt, die morgendliche Laune hebt, im Auto zwischen den Kindern sitzt, emphatisch ist und gerne mit ihnen spielt, dann kann ich dir nur einen Havaneser wie Smilla empfehlen.
Du wirst es nicht bereuen!

Reisen

Überblick

Ob es sich um einen Wochenendausflug oder einen längeren Urlaub handelt, es gibt einige wichtige Tipps und Tricks, die dir helfen, die Reise mit deinem Vierbeiner sicher und stressfrei zu gestalten.

Planung ist der Schlüssel: Bevor du deine Reise antrittst, nimm dir Zeit, um alle Details zu planen. Stell sicher, dass dein Havaneser gesund ist und alle für das jeweilige Reiseziel erforderlichen Impfungen und tierärztlichen Untersuchungen erhalten hat. Informiere dich über die geltenden Reisebestimmungen und stelle sicher, dass du alle wichtigen Unterlagen wie Impfausweis, Mikrochip-Registrierung und eventuell Einreisegenehmigungen für bestimmte Länder dabei hast.

Sicherheitsvorkehrungen im Auto: Wenn du mit dem Auto reist, ist es wichtig, dass dein Havaneser sicher und bequem untergebracht ist. Dafür gibt es spezielle Hundesicherheitsgurte, -autositze oder Transportboxen, um deinen Hund während der Fahrt zu sichern. Platziere die Transportbox auf dem Rücksitz oder verwende einen speziellen Autositz für Hunde, um deinem Havaneser, wenn er es mag, eine angenehme Aussicht zu ermöglichen. Wenn du dir nicht sicher bist, welches Produkt für Eure Bedürfnisse das sicherste ist, kannst du dir auch Testberichte durchlesen. Lasse deinen Hund niemals bei Wärme im Auto, schon etwas über 20 Grad kann zu viel sein.

Unterkünfte und Reiseziele: Bei der Auswahl von Unterkünften solltest du darauf achten, dass sie haustierfreundlich sind und über angemessene Einrichtungen für deinen Havaneser, beispielsweise einen eingezäunten Garten aus dem auch kleine Hunde nicht ausbrechen können, verfügen. Informiere dich im Voraus über die Regeln und Gebühren für Haustiere und stelle sicher, dass auch im Zimmer genügend Platz für deinen Hund vorhanden ist.

Wenn du in ein Hotel oder eine Pension fährst erkundige dich, ob in der Nähe Wiesen, Feldwege, Wald oder ein Park ist. Kläre, ob dein Hund mit in den Frühstücksraum genommen werden darf oder ob er auf dem Zimmer bleiben muss. Wenn er nicht alleine bleiben kann, würde ich eine andere Unterkunft wählen oder fragen, ob es Frühstück auch auf dem Zimmer geben kann.

© Daniela Sickinger

Bei der Wahl der Reiseziele solltest du auch immer die Bedürfnisse deines Havanesers berücksichtigen. Überlege, ob es genügend Auslaufmöglichkeiten und hundefreundliche Attraktionen, z.B. einen Hundestrand in der Umgebung gibt.

In den Sommermonaten kann es nämlich sein, dass er nur an einen speziell ausgewiesenen Hundestrand darf.

Notwendige Ausrüstung: Packe eine Reisetasche für deinen Havaneser mit allen notwendigen Dingen, die er während der Reise benötigt. Dazu gehören Futter, Wasser, Leckerlis, Spielzeug, eine Decke oder ein Kissen, Kotbeutel, Handtücher, feuchte Tücher und eventuell Medikamente. Vergiss auch nicht, seine Leine, Halsband und ID-Anhänger mit deinen aktuellen Kontaktdaten mitzunehmen.

Bei anstrengenden Wanderungen einen Rucksack für deinen Hund. Bei Citytouren eine Tragetasche.

Pausen und Bewegung: Während der Reise ist es wichtig, regelmäßige Pausen einzulegen, damit sich dein Havaneser strecken, lösen und etwas Bewegung bekommen kann. Plane Stopps an Rastplätzen oder hundefreundlichen Parks ein, wo dein Hund schnuppern kann. Nimm dir Zeit für kurze Spaziergänge und lasse deinen Havaneser die Umgebung erkunden. Dies hilft ihm, überschüssige Energie loszuwerden und sich zu entspannen.

Reisekrankheit und Stressmanagement: Einige Havaneser können an Reisekrankheit leiden oder gestresst sein, wenn sie längere Zeit im Auto verbringen. Sprich in diesem Fall mit deinem Tierarzt über mögliche Lösungen wie Tabletten gegen Reisekrankheit oder natürliche Beruhigungsmittel. Schaffe eine beruhigende Atmosphäre im Auto, indem du leise Musik spielst oder ein beruhigendes Duftöl verwendest.
Manche Havaneser vertragen als Welpe das Autofahren überhaupt nicht. Das liegt am noch nicht entwickelten Gleichgewichtsorgan. Bei einigen ist dies erst im 2. Lebensjahr vollständig ausgebildet, dann lässt auch das Erbrechen während der Autofahrt nach.

Unterwegs füttern: Vermeide deinen Havaneser direkt vor der Fahrt oder während der Fahrt zu füttern, um Übelkeit zu reduzieren. Plane stattdessen regelmäßige Pausen, und biete deinem Hund Wasser und eine kleine Mahlzeit an.

Gewohnte Gegenstände und Routinen: Nimm vertraute Gegenstände wie das Lieblingsspielzeug, die Kuscheldecke und sein Hundebett mit, um ihm ein Gefühl von Zuhause zu geben.

Notfallvorbereitung: Stelle sicher, dass du während der Reise die Kontaktdaten eines örtlichen Tierarztes hast. Informiere dich im Voraus über Tierkliniken und Tierärzte in der Nähe deines Reiseziels. Nimm am besten - auch wenn du nur innerhalb Deutschlands unterwegs bist - eine Kopie der medizinischen Unterlagen und Impfungen deines Havanesers mit, falls ein Tierarztbesuch erforderlich sein sollte.

Erfahrungsberichte

Patricia (Instagram: havaneser_gerry_und_patricia)
Wandern mit Gerry: Tipps und Erfahrungen

Für unsere bevorstehenden Reisen packe ich bereits im voraus Gerrys Sachen zusammen. Dazu gehören sein gewohntes Futter für die gesamte Zeit, Leckerlis, ein Hundebett, verschieden lange Leinen, Futternäpfe und natürlich auch Spielzeug. Zusätzlich nehme ich seinen Impfpass und etwas gegen Durchfall mit.

Um für die An- und Abreise gerüstet zu sein, habe ich vorne im Auto eine Trinkflasche mit frischem Wasser, ein paar Leckerlis und bei längeren Fahrten auch Trockenfutter dabei.

Bei der Auswahl unseres Urlaubsdomizils ist es mir wichtig, dass es hundefreundlich ist und Gerry beispielsweise mit ins Restaurant kommen kann. Er bleibt ungern alleine, daher ist es für uns entspannter, wenn er immer bei uns sein kann. Ferienwohnungen eignen sich daher ideal für uns.

Während langer An- und Abreisen machen wir regelmäßig kurze Pausen, damit Gerry aus dem Auto herauskommen und sich etwas bewegen kann. Das hilft ihm, nervöse Unruhe zu vermeiden und ist auch für uns alle von Vorteil. Sobald wir am Ziel angekommen sind, benötigt er etwas Zeit, um sich an die vorübergehende Unterkunft zu gewöhnen. Meistens unternehmen wir dann eine ausgiebige Erkundungsrunde, um ihn müde werden und zur Ruhe kommen zu lassen.

Wenn wir wandern gehen, suchen wir uns unsere Routen zum Beispiel auf komoot heraus. Dort werden die Wege in der Regel gut beschrieben und man erhält direkt Informationen zur Länge und zum Streckenprofil. Gerry schafft am Tag etwa 10 km. Da er nicht getragen wird, achte ich auf die Länge der Strecke und die Höhenmeter. Bei warmem Wetter bevorzugen wir Wanderungen im Wald. Unsere Routen variieren jedoch, da Gerry gerne badet. Daher sind wir oft an Bergseen unterwegs. Aufgrund meines künstlichen Knies machen wir in der Regel leichte bis mittelschwere Wanderungen von 8 bis 10 km. Wir gehen langsam und machen Pausen. Gelegentlich kehren wir auch in einer Hütte ein, damit Gerry sich eine Stunde lang ausruhen kann. Bei längeren Touren würde ich tatsächlich einen Rucksack für Hunde empfehlen. Ich nehme immer ausreichend frisches Wasser und Trockenfutter bzw. Nassfutter mit.

Größere Touren, wie beispielsweise auf einen Berggipfel, lassen sich gut mit Gondelbahnen abkürzen. Wenn man nach Österreich fährt, sollte man darauf achten, einen geeigneten Maulkorb mitzunehmen, da dies in den Gondelbahnen oft vorgeschrieben ist. Außerdem ist es wichtig, den Hund an den angegebenen Stellen anzuleinen. Am besten nimmt man zusätzlich eine lange Leine mit.

Hunde-Mama (Instagram-Account: katitiwi)
Wie ich die Hundefreundlichkeit Kroatiens erlebte

Ich war vor kurzem mit meiner Hündin Kati in Kroatien und habe dort einen tollen Urlaub verbracht. Ich war positiv überrascht, wie hundefreundlich das Land ist und wie gut wir aufgenommen wurden.

Schon beim Bummeln durch die Städte fiel mir auf, dass viele Geschäfte Wassernäpfe für Hunde anboten. Das war sehr praktisch, um Kati immer genug zu trinken zu geben.

Auch die Touristen-Informationen hatten an die Hunde gedacht und extra Broschüren mit Tipps für hundefreundliche Aktivitäten und Ausflüge bereitgelegt. Das hat mir sehr geholfen, passende Angebote für uns zu finden.

Ein Highlight war, dass wir mit Kati problemlos auf die Boote durften. So konnten wir zusammen die schöne Küste erkunden und die frische Meeresbrise genießen. In den Restaurants wurden wir immer freundlich bedient und Kati bekam sogar vor mir etwas zu trinken. Ich fand es toll, wie offen und nett die Leute mit Hunden umgingen und wie wohl wir uns fühlten.

Auch am Strand gab es keine Probleme. Es gibt zwar extra Hundestrände, aber eigentlich waren Hunde überall gern gesehen. Die Leute freuten sich über die Vierbeiner und waren sehr entspannt. Ich war froh, dass ich Kati überall hin mitnehmen konnte und sie sich austoben durfte.

Auf den Campingplätzen gab es sogar spezielle Hunde-Duschen am Strand. Das war super, um Kati nach dem Baden im Meer gleich abzuduschen und sauber zu machen.

Zu guter Letzt muss ich noch die tollen PET Shops in Kroatien erwähnen. Dort gab es eine riesige Auswahl an schönen Produkten und Accessoires für Hunde. Auch konnte man an vielen Orten Schwimmwesten für Hunde kaufen.

Mein Urlaub mit meiner Havaneser Hündin in Kroatien war wirklich etwas Besonderes. Ich habe mich dort sehr wohl gefühlt und die Hundefreundlichkeit sehr geschätzt. Ich kann Kroatien als Reiseziel für Hundebesitzer nur empfehlen und freue mich schon auf das nächste Mal.

Anja Krauße (Instagram-Account: milomillionair)
Milo, der Abenteurer

Milo ist schon ein erfahrener Wohnmobil-Reisender. Er war mit uns in Deutschland und in Schweden unterwegs. Wenn wir ein Wohnmobil mieten, achten wir immer darauf, wie viel die Endreinigung extra für einen Hund kostet. Einmal wollten sie uns 50 € dafür berechnen, aber das haben wir nicht akzeptiert, da Milo ja als Havaneser nicht haart.

Wichtig ist auch für uns, dass Milo einen sicheren Platz im Wohnmobil hat, wo er während der Fahrt angeschnallt werden kann. Wir haben dafür ein spezielles System, das an dem normalen Gurt angebracht wird. Milo sitzt meistens auf der Sitzbank am Tisch, aber das hängt vom Modell des

Wohnmobils ab. Den Tisch konnten wir herunterklappen, was wirklich praktisch war.

Für Milo packen wir immer einiges ein: Nass- und Trockenfutter, eine Schwimmweste, Handtücher zum Abtrocknen und zum Säubern der Pfoten, zwei Körbchen (eins zum Schlafen und eins für draußen), eine Trinkflasche, einen Fressnapf- und Wassernäpfe, Kotbeutel, Leinen (zwei kurze und zwei lange, da auf den Campingplätzen Leinenpflicht herrscht), Spielzeug, Leckerlis, Zahn-Sticks, Zahnspray, Zahnbürste, Kaustangen. Wir haben auch eine Erste-Hilfe-Box für Hunde mit allem, was man für Magen-Darm-Probleme, Wunden oder Zecken braucht. Und natürlich Milos Impfausweis, Versicherungsnachweis, Tasso-Marke und ein Ersatzhalsband. Zusätzlich nehmen wir noch Wasch-Shampoo, Ungeziefer-Shampoo und Milos Nahrungsergänzungsmittel mit. Milo liebt es, überall dabei zu sein und neue Orte zu entdecken. Er kann zwar auch mal alleine bleiben, aber er ist viel glücklicher,

wenn er mit uns zusammen ist. Er hat schon eine Kanutour mitgemacht und brav dabei eine Schirmmütze getragen, um sich vor der Sonne zu schützen. Er lag ganz entspannt auf dem Kanu. Er ist auch gerne am Strand, obwohl er nicht so gerne schwimmt. Er mag es mehr im Wald zu sein und im Matsch zu spielen. Er ist ein richtiger Abenteurer.

Natalie Wagner (Instagram-Account: emma_auf_wahlkampftour)
Urlaub im Bulli

Wir lieben es, mit dem Bulli und unseren Hunden in den Urlaub zu fahren. Es ist super, im Bulli zu schlafen und aus dem Aufstelldach einen tollen Ausblick zu haben. Wir fahren gerne ans Meer, vor allem an die Nordsee, wo unsere Hunde über das Watt und den Strand flitzen und schwimmen können. Wir suchen immer hundefreundliche Camping- oder Stellplätze im Internet oder in sozialen Medien, wo wir viele Tipps von anderen Reisenden bekommen. Wir achten auf die Leinenpflicht in verschiedenen Ländern, wie Deutschland, Dänemark oder den Niederlanden, die bisher unsere Lieblingsziele waren. Wir träumen auch von Schweden, Norwegen oder den britischen Inseln, aber der Linksverkehr schreckt uns etwas ab. Wir sorgen immer dafür, dass unsere Hunde die nötigen Impfungen haben, damit wir jederzeit losfahren können. Das Reisen mit dem Bulli ist unkompliziert und macht unseren Hunden viel Spaß. Wir sichern sie mit Boxen oder anderem Equipment und nehmen Schleppleinen für den Strand mit.

Ellen (Instagram Account: sockendiebnox)
Mit Nox auf Korsika

Wir verbrachten im Juli einen 14-tägigen Sommerurlaub in der Nähe von Porto Vecchio auf Korsika. Unser Havaneser Nox begleitete uns auf der Auto- und der Fährüberfahrt von Livorno nach Bastia. Unterwegs übernachteten wir in Pisa und nutzten die Gelegenheit, einige Sehenswürdigkeiten zu besichtigen. Die Fährüberfahrt dauerte etwa 4,5 Stunden.

Nox liebt es, auf der Rückbank des Autos zwischen seinen Menschenschwestern zu liegen und gelegentlich nach Streicheleinheiten zu fragen. Lange Autofahrten sind für ihn kein Problem.

Pausen brauchten wir nur für Toilettenbesuche und Tankstopps, wo Nox sich auch lösen konnte.

Auf der Fähre nach Korsika mit Corsica Ferries gab es eine Hundetoilette auf dem Außendeck. Diese bestand aus einem Metallbecken mit Steinen und einem Metallpfeiler in der Mitte. Wir versuchten Nox dort hineinzusetzen, aber er fühlte sich unwohl und wollte dort nicht sein Geschäft erledigen. Trotzdem hat er die Fährfahrt gut gemeistert. Leider hat ein anderer Hund unter Deck auf den Teppichboden an einen Pfeiler uriniert. Oft war der Boden an Deck der Fähre aufgrund der Sonne sehr heiß, und viele Hundebesitzer achteten leider nicht darauf, ob ihre Hunde damit Probleme haben.

Dieses Problem galt auch für die Strände und Wege auf Korsika. Ich würde empfehlen, Hunde zu tragen oder ihnen einen Pfotenschutz anzuziehen, wobei dies vorher positiv trainiert werden sollte.

Wir hatten eine Unterkunft mit eigenem Pool gewählt, damit Nox uns auch dorthin begleiten konnte. Oft zog er sich jedoch ins klimatisierte Wohnzimmer zurück und schaute uns von dort aus zu.

Am Strand suchten wir uns frühmorgens oder spätnachmittags einen Platz im natürlichen Schatten und hatten zusätzlich Sonnenschirme dabei. Strandmuscheln kann ich nicht empfehlen, da sich darin warme Luft staut und kein Luftzug vorhanden ist. Wir boten Nox auch eine Kühlmatte an und hatten immer gekühltes Trinkwasser dabei.

Hunde waren an allen Stränden willkommen, sollten jedoch laut Beschilderung angeleint sein.

Ein einziger Strand hatte ein Hundeverbotsschild. Doch auch hier waren viele Fellnasen zu finden und niemand störte sich daran.

Gelegentlich sah man auch freilaufende Hunde ohne Besitzer, die jedoch Halsbänder trugen und gut gepflegt aussahen. Die Strände auf Korsika waren traumhaft schön und sauber, das Wasser war glasklar.

Nox traute sich mit seinen Pfoten auch ins Meer, obwohl ihn die kleinen Wellen etwas abschreckten. In Seen oder Bäche legte er sich sogar hinein.

Die natürlichen Schwimmbäder waren sehr empfehlenswert. Wir besuchten die "Piscines naturelles de Cavu". Hunde sollten angeleint sein und durften offiziell nicht baden, aber viele taten es dennoch. Dort lief auch ein großer Hund frei herum, der jedoch freundlich zu allen war. Da Nox oft Respekt oder Angst vor großen Hunden hat, versuchten wir, ihn von diesem Hund fernzuhalten. Vom kostenpflichtigen Parkplatz aus konnte man entweder mit dem kostenlosen Shuttlebus zu den größten Naturschwimmbädern fahren oder etwa 50 Minuten entlang des Flusses laufen, wo es mehrere schöne Plätze gab, um zu verweilen und sich abzukühlen. Es gab auch einen bequemeren Weg entlang der Straße, der etwa 30 Minuten dauerte.

Wir statteten auch der Stadt Bonifacio an einem der kühleren Tage einen Besuch ab. Es waren jedoch immer noch 27 Grad. Deshalb fuhren wir sehr früh los und nahmen eine Hundeumhängetasche für Nox mit, falls der Boden zu heiß oder er müde wurde. In der Tasche konnte er sich gut ausruhen. Nach einiger Zeit wurde er mir jedoch zu schwer und zu warm. Nox wiegt 5,6 kg.

Auf der Rückfahrt nach Deutschland mit der Fähre (Moby Lines) von Bastia nach Genua gab es keine Hundetoilette. Viele Hunde urinierten während der 5 Stunden Überfahrt auf dem Oberdeck, was für die anderen Gäste sehr unangenehm war. Der Metallboden in der Sonne war wieder extrem heiß für die Hundepfoten. Maulkörbe waren offiziell vorgeschrieben, wurden aber nicht getragen. Ich würde jedoch empfehlen, immer einen Maulkorb dabei zu haben. Hunde durften ins Bordrestaurant mitgenommen werden.

Zusammenfassend lässt sich sagen, dass es einige negative Aspekte gab, wie die lange Anreise, bei der der Hund das Autofahren bereits mögen sollte, sowie der Notwendigkeit, dass der Hund sich vor der Fährüberfahrt erleichtern sollte. Es gibt jedoch auch Vorteile, wie die Tatsache, dass Hunde an den schönsten Stränden Korsikas auch in der Hochsaison kein Problem darstellen. Die Menschen auf Korsika waren insgesamt sehr hundefreundlich, und Nox wurde oft angesprochen.

Alles in allem war es ein abwechslungsreicher und erlebnisreicher Urlaub mit Hund auf Korsika. Trotz einiger Herausforderungen haben wir die Zeit dort sehr genossen und viele wundervolle Erinnerungen gesammelt.

Daniela Sickinger (Instagram-Account: havaneser_pablo)
Am Hundestrand an der Ostsee

Wir sind gerne an der Ostsee. Wir reisen nachts und kommen morgens an und starten in den Tag. Pablo schläft - bis auf die Pipi-Pausen - fast die gesamte 7 - 8 stündige Autofahrt. Da wir immer an den gleichen Urlaubsort fahren, ist es mittlerweile Pablos zweite Heimat. Wenn wir ankommen, freut er sich immer total. Als erstes möchte er durch den Ort direkt zum Strand laufen. Er liebt es am Strand zu flitzen. Der scharfe Ostseewind macht ihm dabei gar nichts aus. Pablo geht nicht gerne ins Meer und läuft auch immer einen Bogen um die Wellen. Nur wenn er mit anderen Hunden spielt, vergisst er manchmal das Wasser und steht plötzlich

drinnen. Einmal habe ich ihn mit ins Wasser genommen und zurückschwimmen lassen, da war er anschließend sehr beleidigt und ist sobald er aus dem Meer draußen war, zu unseren Handtüchern gerannt und wollte an diesem Tag nicht mehr in die Nähe des Meeres.

Im Sommer müssen wir an den Hundestrand gehen, es gibt mehrere davon im Ort. Sie sind alle sehr gepflegt. Am liebsten liegt Pablo dann an unserem Windschutz und beobachtet das Leben am Strand: Die anderen Hunde, die Menschen und vor allem den Würstchenverkäufer. Wir haben dort vor ein paar Jahren Freunde kennengelernt, sie haben auch zwei Hunde und alle verstehen sich super. Die Hunde liegen meistens gemeinsam im Schatten und wir können dann auch ohne Pablo ins Wasser gehen. Es ist für uns sehr entspannt an der Ostsee. Wenn wir zum Shoppen nach Rostock fahren, nehmen wir ihn immer mit. Dort läuft er durch die Fußgängerzone und wenn er müde wird, trage ich ihn in meiner Umhängetasche für Hunde, bis er sich wieder erholt hat. Ins Restaurant geht er auch mit und liegt unter dem Tisch auf seiner kleinen Decke.

Wir waren auch diesen Sommer ein paar Tage wandern im Harz. Pablo brauchte etwas Zeit, um in der Pension anzukommen. Er hat sich unser Zimmer angeschaut und wollte danach sofort wieder hinaus. Wir sind dann erst einmal wandern gegangen und am Abend war er so müde, dass er sofort im Zimmer eingeschlafen ist. Am nächsten Tag war das Zimmer kein Problem mehr für ihn.

Die Pension hatten wir uns aufgrund der Beurteilungen von Hundebesitzern im Netz ausgesucht und wurden nicht enttäuscht. Wir konnten Pablo fast überall im Haus mit nehmen. Nur direkt ans Büfett durfte er

© Daniela Sickinger

nicht, das war ok für uns und wir wechselten uns mit dem Gang ans Büfett ab.

Arbeit und Freizeit

Überblick

Ein Havaneser ist nicht nur ein liebevoller und treuer Familienhund, sondern auch erstaunlich anpassungsfähig in verschiedenen Lebensbereichen. In diesem Kapitel möchte ich näher darauf eingehen, wie sich ein Havaneser sowohl als Bürohund als auch als Begleiter in der Freizeit, beispielsweise im Stall, bewähren kann.

Dank ihrer geringen Größe und ihrem ruhigen Wesen sind sie hervorragende Begleiter für den Büroalltag. Sie haben eine natürliche Fähigkeit, sich schnell an neue Situationen anzupassen und sind meist ruhig und gelassen.

© MarlyneArt

Als Bürohunde sind Havaneser oft in der Lage, sich auf einer Decke oder in ihrem Körbchen neben dem Schreibtisch länger niederzulassen und zur positiven Atmosphäre beizutragen. Sie sorgen somit für eine angenehme Stimmung und können Stress reduzieren. Ihre liebevolle Art und ihr Bedürfnis nach menschlicher Nähe machen sie zu großartigen Kollegen und sie zaubern oft ein Lächeln auf die Gesichter der Mitarbeiter.

Darüber hinaus können Havaneser mit ihrem freundlichen und liebevollen Naturell auch eine wichtige Rolle als Schul- oder Therapiehunde übernehmen. Als Schulhunde können sie ein positives Lernumfeld schaffen und damit Kindern helfen, sich besser zu konzentrieren. Als Therapiehunde können sie Menschen mit besonderen Bedürfnissen begleiten, ihnen Trost spenden und sie dabei unterstützen Ängste zu überwinden. Havaneser können auch als Besuchshunde in Seniorenheimen, Krankenhäusern oder anderen Einrichtungen eingesetzt werden, um den Bewohnern oder Patienten Gesellschaft zu leisten, ihnen Freude im Alltag zu bereiten und ihnen das Gefühl zu geben, gebraucht zu werden. Havaneser sind ideal für diese Aufgaben, sie sind klein, leicht und setzen sich gerne auf den Schoß oder direkt neben eine Person.

Neben dem beruflichen Einsatz ist der Havaneser auch ein wunderbarer Begleiter in der Freizeit. Seine Anpassungsfähigkeit zeigt sich besonders, wenn sie mit ihren Besitzern neue Aktivitäten entdecken können. Egal, ob es darum geht, zum Reitstall zu gehen oder um an einem Hobby teilzunehmen - der Havaneser ist flexibel und begeistert dabei.

Im Reitstall können Havaneser als treue Begleiter eine beruhigende Atmosphäre schaffen. Sie können sich auf einer Decke am Rande des Platzes niederlassen und die Pferde beobachten, während ihr Besitzer reitet oder arbeitet. Ihre ruhige Präsenz kann dazu beitragen, dass sich sowohl Mensch als auch Tier entspannen und wohlfühlen.

Erfahrungsberichte

Natalie Wagner (Instagram-Account: emma_auf_wahlkampftour)
Schulhund: Ein pädagogischer Begleiter auf vier Pfoten

Ich bin Lehrerin an einer Gesamtschule im schönen Münsterland und lebe mit drei Hunden zusammen: Idefix, einem dreijährigen Havaneser-Rüden, Emma, einer zehnjährigen Tibet-Terrier-Hündin, und Lilly, einer zweijährigen Havaneser-Hündin, die meiner Mutter gehört. Idefix ist mein Schulhund, der mich jeden Tag in die Schule begleitet. Er ist ein freundlicher, verspielter und unternehmungslustiger Hund, der gerne mit den Schülerinnen und Schülern interagiert. Er hat eine spezielle Prüfung bestanden, die seine Eignung als Schulhund bestätigt. Er ist auch haftpflichtversichert und wird regelmäßig geimpft. Er hat seinen festen Platz in meinem Büro, im Teamraum und im Klassenzimmer. Er sorgt für ein positives Klima im Unterricht und hilft den Schülerinnen und Schülern, sich zu entspannen und zu konzentrieren. Er wird von allen respektiert und geliebt. Um einen Schulhund mit in die Schule nehmen zu können, müssen einige Dinge beachtet werden, die vom Ministerium für Schule und Weiterbildung des Landes Nordrhein-Westfalen vorgegeben werden. Dazu gehören zum Beispiel die Genehmigung der Schulkonferenz, die Sicherheit und Hygiene im Unterricht, die Rücksichtnahme auf AllergikerInnen und der Tierschutz. Ich halte mich an alle diese Regeln und bereite die Schülerinnen und Schüler auf den Umgang mit dem Hund vor. Idefix ist mein zweiter Schulhund, nachdem meine Havaneser-Mix-Hündin Frieda zehn Jahre lang mit mir in der Schule war. Sie war eine tolle Begleiterin und ich vermisse sie sehr. Meine Tibet-Terrier-Hündin Emma ist leider nicht für die Schule geeignet, aber sie ist trotzdem eine liebe Hündin. Ich bin sehr glücklich, dass ich Idefix gefunden habe und er alle Voraussetzungen für einen Schulhund erfüllt. Er ist ein besonderer Hund mit einem freundlichen Wesen.

Idefix freut sich immer, wenn er seine Tasche morgens neben meiner Schultasche sieht.

Als Schulhund sorgt er immer für gute Stimmung und ein positives Klima innerhalb des Klassenraums oder auch in anderen Situationen. Die Schülerinnen und Schüler beachten alle die Regeln, damit es ihm gut geht. Sie freuen sich und sind enttäuscht, sollte er mal nicht mit in der Schule sein. Er wird von allen immer als Erstes begrüßt. Er begleitet mich fast überallhin: In den Unterricht, zu Besprechungen und Konferenzen. Sollte ich allerdings zum Sport- oder Schwimmunterricht gehen, dann bleibt er entweder bei der Sekretärin im Büro, in meinem Büro – hier hat er auch seinen Rückzugsort – oder er darf eine vertraute Kollegin in deren Unterricht begleiten. Er ist ein „Eisbrecher" und ermöglicht es mir, schnell in Beziehung zu allen am Schulleben Beteiligten zu kommen. Selten sind Menschen dabei, die Angst vor ihm haben. Dann halte ich ihn zurück. Meistens schafft er es aber mit seinem Charme, alle um den Finger zu wickeln. Im Unterricht sitzt er oft unter dem Tisch und wird gekrault oder er darf auf den Schoß. Gerne sitzt er auch auf der Fensterbank und hat so einen guten Überblick über alles innen und außen. Wenn er müde ist, signalisiert er das deutlich, indem er sich auf seine Decke zurückzieht. Dann darf er nicht gestört werden. Nach einem Schultag ist er oft müde von den ganzen Eindrücken, Geräuschen und Gerüchen und schläft.

Allerdings warten zu Hause dann Emma und Lilly. Sie freuen sich auf ihn und auf einen Spaziergang oder eine Spielerunde.

Gabriele, Fotografin mit dem Blick für besondere Momente (www.zechenbluemchen.de)
Die Geschichte von Milli, die Herzen berührt

Als Fotografin mit Schwerpunkt Kinder im Kindergarten oder Grundschule, möchte ich eine besondere Verbindung zu den Kindern während des Einzelshootings aufbauen, um authentische Fotos zu machen. Deshalb kam mir die Idee, einen Therapiebegleithund dafür einzusetzen, um die Kinder zu entspannen und einzigartige Fotos zu ermöglichen.

Wir holten uns Milli. Sie ist eine Havaneser-Hündin und hypoallergen, also perfekt für unsere Familie, da mein Mann und Sohn Allergien haben und wir befürchteten, das sie gegebenenfalls auch auf Hundehaare reagieren könnten.

Obwohl ich keine Erfahrung mit Hunden hatte, haben Milli und ich uns gemeinsam zum Therapiebegleithundeteam ausbilden lassen.

Doch im Anschluss daran, wurde ich leider davon überrascht, wie hoch doch die bürokratischen Auflagen und die notwendigen Genehmigungen für den Kindergartenbesuch mit einem Hund sind, so dass ich die anfängliche Idee verwarf.

Mein Herz als Dipl. Pädagogin schlug schon immer für soziale Projekte und daher habe ich das Projekt "schau mich an" für und mit besonderen Kindern ins Leben gerufen. Ich richtete ein eigenes Fotostudio ein, um Kindern mit Behinderungen und deren Familien schöne Erinnerungen zu schenken – eine ehrenamtliche Arbeit, die mir sehr wichtig ist.

Milli ist zu Hause ein ganz normaler Hund, sie hat auch ihre Macken. Sie mag es nicht, allein zu bleiben, und sie bellt an der Tür oder am Gartenzaun. Aber bei meiner Arbeit unterstützt sie mich auf beeindruckende Weise. Einmal fotografierte ich ein Kind mit schwerer Spastik und mehrfachen Behinderungen, das nur die Augen bewegen konnte. Milli spürte sofort, dass das Kind Berührung brauchte, und legte sich liebevoll neben es. Das Kind beruhigte sich, die Spastik ließ nach, und wir konnten wunderschöne Fotos machen. Auch einem hyperaktiven Kind mit ADHS und einem schüchternen Kind mit FASD half Milli, sich zu entspannen und sich selbst auszudrücken.

Ein unvergessliches Erlebnis bot sich beim Fotografieren in einer Wohngruppe für Menschen mit Behinderungen, die zugleich einen Bio-Bauernhof bewirtschafteten. Während ich jeden Einzelnen fotografierte, unterhielt und begeisterte Milli sie. Die entstandenen Fotos haben eine außergewöhnliche Ausdruckskraft. Diese Fotos sind auch Exponate für eine Ausstellung geworden.

Millis Reise ist voller Herausforderungen, aber auch voller wunderbarer Momente. Sie ist ein wertvolles Mitglied unserer Familie und eine Inspiration für meine Arbeit. Sie bereichert meine fotografische Arbeit und hilft mir dabei, Familien mit besonderen Kindern schöne Erinnerungen zu schenken. Milli ist nicht nur ein Hund, sondern eine besondere Begleiterin, die Herzen berührt.

Uli (Instagram Account: Millie__2023)
Millie und die Musik

Ich möchte dir gerne von meiner Havaneser-Hündin Millie (ja sie heißt auch Millie nur mit -ie) erzählen. Millie ist jetzt 5 Monate alt und kam vor etwa 11 Wochen zu mir. Von Anfang an habe ich sie zur Arbeit mitgenommen, da ich als Musikerin an verschiedenen Orten tätig bin.

Ich habe das Glück, drei Chöre leiten zu dürfen, die in unterschiedlichen Kirchen proben. Millie begleitet mich oft und liegt dann auf einer gemütlichen Decke neben meinem Klavier. Sie ist erstaunlich ruhig und entspannt, während ich mit den Chören arbeite.

Es gibt allerdings eine Sache, die Millie nicht mag: Sie wird nicht gerne von all den Menschen dort angesprochen. In solchen Momenten reagiert sie ängstlich und bellt manchmal sogar ein wenig. Zum Glück sind meine Chormitglieder mittlerweile darüber informiert und nehmen darauf Rücksicht. Sie verstehen, dass Millie ihre Zeit braucht, um sich an neue Menschen zu gewöhnen.

Neben meiner Arbeit im Chor nehme ich Millie auch mit, wenn ich Musik bei Trauerfeiern, Taufen oder Hochzeiten spiele. Bisher hat sie nie für Stress oder Störungen gesorgt. Es ist wirklich erstaunlich, wie sie sich dabei ruhig verhält und keine Unruhe stiftet. Ich glaube, sie genießt einfach meine Anwesenheit und ist glücklich, wenn sie bei mir sein kann, egal was ich gerade tue. Vielleicht mag sie auch meine Musik – wer weiß?

Millie ist eine neugierige und unternehmungslustige Hündin, aber manchmal zeigt sie auch wie beschrieben ein bisschen Scheu gegenüber anderen Menschen. Ich achte darauf, ihr die Zeit und den Raum zu geben, den sie braucht, um sich wohlzufühlen. Es ist wichtig, ihre Grenzen zu respektieren und sie nicht zu überfordern.

Jenny (Instagram-Account: havi.lino)
Mit Lino auf dem Weg zum Therapiebegleithund

Mein Hund Lino ist ein Havaneser und gemeinsam befinden wir uns am Ende unserer Ausbildung zum Therapiebegleithunde-Team. Die Ausbildung sowie der Abschluss sind ISAAT (INTERNATIONAL SOCIETY FOR ANIMAL ASSISTED THERAPY) zertifiziert.

Zudem begleitet mich Lino auch im Pferdestall und bei Ausritten.

Ich haben mich für einen Havaneser entschieden, da die Rasse als verspielt, menschenbezogen, intelligent und gut ansprechbar beschrieben wurde sowie kein Fell verliert. Darüber hinaus sind sie auch sportlich aktiv.

Diese Eigenschaften sind für die heilpädagogische Förderung aber auch als Reitbegleithund von großer Bedeutung.

Natürlich hängt letztendlich alles vom individuellen Charakter des Hundes ab, aber diese Punkte waren gute und wichtige Anhaltspunkte für mich bei der Auswahl der zu mir passenden Hunderasse.

Da ich Lino seit seiner Welpenzeit bei mir habe, konnte ich ihm in der wichtigen Sozialisierungsphase viel zeigen, was in unserem Leben wichtig ist. Das beinhaltet den Umgang mit Kindern mit Behinderungen und das Verhalten im Stall. Wir haben in kleinen Schritten und mit viel positiver Verstärkung alles erkundet.

Heute ist Lino ein Junghund, der Rollstühle genauso normal findet wie Fahrräder.

Wir sind schon früh mit der Ausbildung zum Therapiebegleithunde-Team sowie zum Reitbegleithund gestartet. Dabei haben wir immer das Alter und den Entwicklungsstand von Lino berücksichtigt, um ihn nicht zu überfordern. Es ist schön zu sehen, wie er Freude daran hat, mit mir und dem Pferd Zeit in der Natur zu verbringen. Es bietet uns beiden eine gute Ausgleichsmöglichkeit zu unserem gemeinsamen Arbeitsalltag.

Lino und ich arbeiten schon bald in einer kleinen aber feinen Kita im Herzen Hamburgs und begleiten dort Kinder von 2,5 - 6 Jahren mit den verschiedensten Behinderungen. Lino darf mich dann beim Erreichen meiner gesetzten Förderziele für die Kinder unterstützen.

Diese Ziele sind so vielfältig wie die Kinder selbst. Ein Kind kann daran arbeiten, ein paar Schritte mit einem Hilfsmittel wie einem Nf-Walker zu machen, wobei es motivierend sein kann, wenn es gleichzeitig die Aufgabe hat, Lino an der Leine zu führen. Bei einem anderen Kind kann das Ziel sein, die Freude an der Bewegung wieder zu beleben und es zu ermutigen, genauso wie Lino über Hindernisse zu klettern. Ein weiteres Kind kann mit Lino kreativ im Atelier arbeiten oder es gibt noch viele andere Möglichkeiten.

Einige Einsätze sind im Einzelsetting, andere in einer Kleingruppe und manchmal ist er auch im Gruppengeschehen - wie beispielsweise dem Morgenkreis - mit dabei.

Natürlich geht es auch grundsätzlich um die Aufklärung über Hunde. „Projekt Hund" läuft quasi dauerhaft. Dazu gehört: Wie streichele ich einen Hund? Was frisst ein Hund? Was mache ich, wenn ein fremder Hund auf mich zukommt? Am Ende der Kita Zeit erhält dann jedes Kind auch noch einen „Hunde Führerschein".

Für mich eine Herzensangelegenheit, um die Kinder auch im Alltag sicher im Umgang mit fremden Hunden zu machen. Für mich ist dies ein wichtiger Beitrag zur Unfallprävention.

Ob Lino langfristig Freude an der heilpädagogischen Förderung haben wird, wird sich zeigen. Das „Gemeinsame Zeit Verbringen" mit dem Pferd und mir in der Natur genießt er definitiv und es bietet wahrscheinlich auch eine gute Ausgleichsmöglichkeit für unseren gemeinsamen Arbeitsalltag.

Janina (Instagram Account: aladdin_the_havanese)
Aladdin, ein Havaneser im Pferdestall

Etwas Wichtiges vorweg: Nicht jedes Pferd mag Hunde, manche können sogar beißen oder treten. Deshalb ist es notwendig, dass dein Hund von selbst Abstand hält und vorsichtig ist.
Bereits als Welpe habe ich Aladdin mit zu den Pferden genommen, damit er lernt, sie richtig einzuschätzen. Er durfte sie immer beschnuppern, aber nicht zu nah an ihre Hufe gehen. Er hatte nie Angst vor den großen Tieren, aber er mag es nicht, wenn sie ihn anpusten.

Aladdin ist ein neugieriger und freundlicher Hund, der gerne neue Leute und Tiere kennenlernt. Er versteht sich gut mit den anderen Hunden am Stall und geht gerne zu den Pferden hin. Er fühlt sich jedoch unwohl, wenn er auf dem Arm ist und eine Pferdenase zu ihm kommt. Deshalb lasse ich ihn lieber auf dem Boden laufen, wo er sich sicherer fühlt. Am Stall hört Aladdin viel besser als sonst. Er folgt meinen Kommandos ohne zu zögern und bleibt immer in meiner Nähe. Er weiß auch, dass er frei laufen darf, aber wenn ein Pferd im Weg steht, muss er auf mich warten. Er fragt mich oft um Erlaubnis und entscheidet nicht so eigenständig wie sonst.

Am Platz liegt er am Rand, wo eine Bank ist. In der Halle liegt er in der Mitte an einem der Sprünge. Ich finde es wichtig, dass er bei einem großen Objekt liegt, da die Pferde ihn auf dem Sand aufgrund seiner Farbe nicht gut sehen können. Ich möchte nicht, dass er übersehen wird, wenn ein Pferd mal durchgeht und losrennt. Ich denke, die Bank bzw. der Sprung sind gut sichtbar und die Pferde weichen im Notfall eher aus. Aladdin bleibt auch liegen und steht nicht auf, beobachtet jedoch immer, was passiert. Aus Sicherheitsgründen ist er trotzdem immer angebunden, damit ich mich nicht ständig auf ihn konzentrieren muss. Falls er mal aufsteht, kann ich ihn auch vom Pferd aus ins Platz legen.

Aladdin hat viel Spaß am Reitstall und genießt die Abwechslung. Ich bin stolz auf ihn, wie gut er sich dort benimmt und wie schnell er gelernt hat, sich an die Regeln zu halten. Es freut mich, dass ich mein Hobby mit meinem Hund teilen kann und dass er dort so viele neue Freunde gefunden hat.

Aktivitäten und Spielideen

In diesem Kapitel werden wir uns mit Aktivitäten und Spielideen beschäftigen, um deinen Havaneser geistig und körperlich fit zu halten.

Havaneser sind energiegeladene Hunde, die regelmäßige Bewegung benötigen, um gesund und ausgeglichen zu bleiben. Spaziergänge sind eine ideale Aktivität, um deinen Havaneser körperlich zu trainieren und ihm gleichzeitig die Möglichkeit zu geben, die Umgebung zu erkunden. Plane daher täglich mehrere Spaziergänge ein. Du kannst auch neue Strecken ausprobieren oder ihn in verschiedene Umgebungen mitnehmen, um seine Neugier zu wecken.

Dabei hat er die Möglichkeit, ausgiebig zu schnüffeln und alles zu erkunden. Während des Spaziergangs nutzen Hunde ihren ausgeprägten Geruchssinn, um interessante Gerüche zu entdecken, Markierungen anderer Artgenossen oder Tiere zu erschnüffeln und ihre Umgebung besser kennenzulernen. Diese natürliche Verhaltensweise ermöglicht es ihnen, sich geistig und emotional auszulasten. Als Hundebesitzer kannst du die Freude deines Hundes beim Schnüffeln beobachten und dich an seinem Verhalten erfreuen. Gemeinsames Laufen und die ruhige Kommunikation während des Spaziergangs ergänzen diese Schnüffelerfahrung und bieten eine wunderbare Möglichkeit, Zeit miteinander zu verbringen.

© prinzramin

Auch Verabredungen mit Hundehaltern, die Hunde haben, die gut zu deinem passen, sind sehr sinnvoll. Das Miteinander-Laufen, Rennen, Spielen und Kommunizieren ist auch eine tolle Erfahrung.

Im Freien gibt es unzählige Möglichkeiten für deinen Havaneser, sich auszutoben und zu spielen. Einige Havaneser genießen an wärmeren Tagen Wasseraktivitäten wie schwimmen im See oder planschen in einem kleinen Bach oder Hundepool. Ich kenne aber auch viele Havaneser, die absolut wasserscheu sind. Bitte teste aus, ob dein Havaneser Spaß an Wasserspielen hat.

Man kann auch mit einer Frisbee oder einem Ball spielen, um die körperliche Ausdauer zu fördern. Pass auf, dass du es mit dem Ball-Spielen nicht übertreibst und sich dein Hund nicht zu einem Ball-Junkie entwickelt.

Agility-Übungen, bei denen dein Hund Hindernisse überwinden muss, sind ebenfalls eine hervorragende Möglichkeit, seine Geschicklichkeit und Schnelligkeit zu verbessern. Degility ist langsamer und es wird auf eine bewusste Bewegung abgezielt. Es müssen Hindernisse im ruhigen Tempo überquert oder durch Tunnel gelaufen werden.

Neben den bereits genannten Aktivitäten kannst du deinen Havaneser auch für sportliche Betätigungen wie Hundesport oder Obedience-Training anmelden. Diese Aktivitäten bieten nicht nur körperliche Herausforderungen, sondern stärken auch die Bindung zwischen dir und deinem Hund.

Suchspiele, bei denen dein Havaneser einen bestimmten Gegenstand finden muss, sind ebenfalls eine unterhaltsame Beschäftigungsmöglichkeit. Das geht draußen und bei schlechtem Wetter auch drinnen.
Auch „gemeinsames Nichts-Tun" fördert die Beziehung zu deinem Hund. Setz dich mit ihm in die Natur oder auch auf eine Bank in der Stadt für 20-30 Minuten. Du wirst sehen, das gemeinsame, ruhige Beobachten der Umgebung, hilft euch beiden Stress abzubauen und eure Beziehung zu stärken.

Zu Hause gibt es viele Aktivitäten, die deinen Havaneser begeistern werden. Havaneser sind kluge Hunde, die mentale Stimulation lieben. Intelligenzspielzeug, in denen sie nach Leckerlis suchen oder Rätsel lösen müssen, sind eine großartige Möglichkeit, seine geistige Fähigkeit zu fördern und gleichzeitig Spaß zu haben. Es bieten sich auch Decken oder Kopfkissenbezüge an, in die Leckerchen gewickelt werden oder Schnüffelteppiche, die die Hunde eine Zeit lang beschäftigen. Bitte denke auch daran, dass

Schnüffelspiele sehr anstrengend für deinen Hund sind. 10 Minuten Nasenarbeit können 30 Minuten Gassigang ersetzen.

Versteckspielchen oder das Lernen neuer Tricks sind weitere Möglichkeiten, deinen Havaneser geistig herauszufordern und ihn zu beschäftigen.

Denke daran, dass jeder Havaneser individuelle Vorlieben und Bedürfnisse hat. Beobachte deinen Hund und entdecke, welche Aktivitäten ihm und dir am meisten Freude bereiten. Experimentiere mit verschiedenen Aktivitäten und Spielideen.

© Daniela Sickinger

Einige Havaneser sind begeistert von Apportierspielen und lieben es, Bälle oder Spielzeug zu jagen und zurückzubringen. Andere mögen lieber interaktive Spiele, bei denen du zusammen mit ihnen Rätsel lösen oder Aufgaben bewältigen kannst. Es ist auch wichtig, die Aktivitäten an die Jahreszeiten und das Wetter anzupassen. Im Sommer solltest du darauf achten, dass dein Havaneser nicht überhitzt und ausreichend Schatten und Wasser zur Verfügung hat. Im Winter kannst du an frostigen Tagen drinnen spielen und deinem Havaneser mit intellektuellen Spielen oder Indoor-Trainingseinheiten geistige Stimulation bieten.

Neben den körperlichen und geistigen Aktivitäten ist es ebenso wichtig, deinem Havaneser ausreichend Zeit zum Entspannen und Ausruhen zu geben. Bedenke, dass ein Havaneser mehr als 17 Stunden pro Tag ruhen möchte, einige mehr, andere weniger. Schaffe ihm einen gemütlichen Ruheplatz, an dem er sich zurückziehen und entspannen kann.

Motivationsquelle

Überblick

Die emotionale Verbindung zum Hund ist auch für Menschen mit Angststörungen oder anderen psychischen Belastungen von großer Bedeutung. Ein Havaneser kann Trost spenden, Stress reduzieren und Sicherheit vermitteln. Die Präsenz des Hundes kann eine beruhigende Wirkung haben und Menschen dabei helfen, mit ihren Ängsten umzugehen.

Gemeinsame Aktivitäten und Auszeiten mit einem Havaneser haben positive Auswirkungen auf das allgemeine Wohlbefinden. Ob beim Spazierengehen, Spielen oder einfach nur beim Kuscheln - die Anwesenheit des Hundes kann Freude und Entspannung bringen. Diese gemeinsamen Momente bieten einen Ausgleich zum stressigen Alltag und fördern die emotionale Gesundheit.

Havaneser sind auch tolle Begleiter. Sie sind bekannt für ihre freundliche und zugängliche Natur, die es ihnen ermöglicht, eine Verbindung zu anderen Menschen aufzubauen. Sie können dabei unterstützen, neue Freundschaften zu knüpfen, soziale Ängste zu überwinden und das Gefühl von Einsamkeit zu reduzieren.

Die Verantwortung für einen Havaneser schafft Struktur im Leben der Besitzer. Die tägliche Pflege, Fütterung und Bewegung erfordert Engagement und schafft eine gewisse Ordnung im Alltag. Diese Verantwortung gibt den Besitzern ein Gefühl der Erfüllung, was sich positiv auf ihre psychische Gesundheit auswirken kann.

Ein Havaneser kann auch eine wichtige Motivationsquelle sein, unabhängig von den individuellen Herausforderungen, denen man gegenübersteht. Die bedingungslose Liebe und Unterstützung des Hundes kann dazu ermutigen, aktiv zu bleiben, Ziele zu verfolgen und Hindernisse zu überwinden.

Erfahrungsberichte

Nadine Kroner (Instagram-Account: dina_kroner)
Meine kleine Zoey - mein Sonnenschein

Lass mich dir die Geschichte meiner kleinen Zoey erzählen. Sie ist einfach ein Sonnenschein und immer bereit, neue Freundschaften zu knüpfen. Zoey ist der perfekte Anfängerhund, der zufällig und schnell in mein Leben gekommen ist und es komplett verändert hat. Früher lag ich oft noch nachmittags im Bett und hatte keine Motivation, den Tag zu beginnen. Doch jetzt schauen mich morgens diese wundervollen schwarzen Kulleraugen an und möchten raus auf die Wiese oder eine Runde spazieren gehen. Durch ihre bloße Anwesenheit hilft Zoey mir, mich gleich viel besser zu fühlen.

Die Welpenzeit haben wir ohne große Probleme gemeistert. Alleinbleiben war von Anfang an kein Thema. Der einzige kleine Stolperstein sind die verdammten Tempotücher, die sie gerne zerfetzt. Sie liebt sie einfach über alles. Aber das kennen wahrscheinlich die meisten Hundebesitzer nur zu gut. Jetzt befindet sich Zoey in der Hundepubertät und das merkt man deutlich. Doch ich weiß, dass sie immer der kuschelbedürftigste und aufmerksamkeitsliebendste Hund in ganz Niederbayern bleiben wird.

Ich freue mich auf die kommenden Jahre mit dir, meine kleine Zoey. Du bist nicht nur mein treuer Begleiter, sondern auch der unangefochtene Kuschelmeister, der mein Leben mit bedingungsloser Liebe und grenzenloser Freude erfüllt.

Julia (Instagram-Account: kiwiprinzessin)
Wie Kiwi mein Leben veränderte

Kiwi kam zu mir, als ich unter einer depressiven Episode litt und mich in einer Tagesklinik behandeln ließ. Sie war noch ein winziger Welpe und meine Cousine kümmerte sich um sie, während ich vier Stunden am Tag in der Klinik verbrachte. Kiwi war ein anspruchsvoller Welpe und ich hatte zudem Schwierigkeiten, aus dem Haus zu gehen. Wir mussten gemeinsam viele Herausforderungen meistern. Kiwi half mir dabei, wieder nach draußen zu gehen und gab mir einen Grund, mich zu bewegen, obwohl es mir schwerfiel.

Depression bedeutet unter anderem, dass man keine Freude mehr empfinden kann. Doch während dieser Zeit entwickelten Kiwi und ich eine enge Bindung. Ich freute mich jeden Tag darauf, Kiwi wieder von meiner Cousine abholen zu können. Wir begannen sofort damit, viel zusammen zu trainieren. Sie lernte "Sitz", "Platz", "Pfötchen geben" und sogar "Rolle". Es war wunderbar zu sehen, wie gut sie sich entwickelte und wie viel Spaß es ihr machte, etwas für Leckerlis zu tun.

So konnte ich schließlich die Therapie frühzeitig beenden, da es mir dank Kiwi plötzlich viel besser ging. Ihre Liebe, Fürsorge und spielerische Energie halfen mir, meine Depression zu überwinden und wieder Freude am Leben zu empfinden. Kiwi ist nicht nur ein Haustier für mich, sie ist meine treue Begleiterin und meine Rettung in schweren Zeiten.

Senior

Überblick

Die Lebenserwartung eines Havanesers liegt bei 13 bis 15 Jahren, ein paar werden sogar noch älter. Doch wie bei jedem Lebewesen verändert sich auch der Havaneser im Alter und braucht besondere Aufmerksamkeit und Fürsorge.

Ein älterer Havaneser kann verschiedene Alterserscheinungen zeigen, wie zum Beispiel:

- **Nachlassendes Seh- und Hörvermögen**: Dein Hund kann schlechter sehen oder hören und reagiert vielleicht nicht mehr so schnell auf deine Kommandos oder Geräusche. Du solltest darauf achten, ihn nicht zu erschrecken oder zu überfordern und ihm Orientierungshilfen geben, zum Beispiel mit klaren Zeichen oder Berührungen.

- **Veränderungen im Fell**: Das Fell deines Hundes kann dünner, trockener oder grauer werden. Du solltest ihn regelmäßig bürsten und pflegen, um Verfilzungen zu vermeiden und die Haut zu massieren. Auch ein Besuch beim Hundefriseur kann ihm gut tun.

- **Gewichtsprobleme**: Dein Hund kann im Alter an Gewicht verlieren oder zunehmen, je nach seinem Stoffwechsel und seiner Aktivität. Du solltest sein Futter an seinen Bedarf anpassen und darauf achten, dass er nicht zu viel oder zu wenig frisst. Auch Leckerlis solltest du sparsam geben und lieber gesunde Alternativen wählen, wie zum Beispiel Möhren oder Äpfel.

- **Gelenkprobleme**: Dein Hund kann im Alter an Arthrose oder anderen Gelenkerkrankungen leiden, die ihm Schmerzen bereiten und seine Beweglichkeit einschränken. Du solltest ihn nicht überanstrengen und ihm geeignete Unterlagen zum Liegen bieten, wie zum Beispiel orthopädische Kissen oder Decken. Auch Nahrungsergänzungsmittel können helfen, die Gelenke zu unterstützen.

- **Demenz**: Dein Hund kann im Alter an Demenz erkranken, die sich durch Verwirrtheit, Orientierungslosigkeit oder Verhaltensänderungen äußert. Er kann dich zum Beispiel nicht mehr erkennen oder vergessen, wo sein Fressnapf steht oder nachts unruhig werden. Du solltest ihm viel Geduld und Liebe entgegenbringen und versuchen, ihn geistig zu fördern, zum Beispiel mit Such- oder Denkspielen.

Natürlich muss dein Havaneser nicht alle diese Alterserscheinungen zeigen. Es gibt auch viele Hunde, die bis ins hohe Alter fit und munter sind. Wichtig ist, dass du deinen Hund gut beobachtest und auf seine Bedürfnisse eingehst. Du solltest ihn regelmäßig vom Tierarzt untersuchen lassen und ihm eine gute Lebensqualität bieten.

Ein Havaneser als Senior ist kein Grund zur Traurigkeit, sondern eine Chance, die gemeinsame Zeit noch intensiver zu genießen. Er wird dir immer noch viel Freude bereiten und dir dankbar für deine Fürsorge sein. Er ist dein treuer Freund fürs Leben.

Erfahrungsberichte

Julia (Instagram Account: hav_you_met_paule)
Paule - mein lebhafter und liebenswerter Begleiter

Paule ist jetzt 11 Jahre alt und mein erster Hund. Ich suchte damals nach einer Rasse, die für Anfänger geeignet ist. Er sollte auch keinen Jagdtrieb haben, nicht zu groß sein und möglichst allergikerfreundlich, denn ich bin allergisch gegen Katzen und Kaninchen. Er war der letzte Welpe, der noch da war, weil die anderen Interessenten sein schwarzes Fell nicht mochten. Seine beiden Wurfbrüder waren blond, während seine Wurfschwester einen weißen Kopf und einen schwarzen Körper hatte. Paule war von Anfang an gesund. Ich gehe nur einmal im Jahr zum Tierarzt für die Impfungen und den jährlichen Check-Up. Abgesehen davon hatte er bisher nur kleinere Verletzungen wie eine eingerissene Daumen-

kralle oder eine Granne in der Pfote, aber nichts Schlimmes. Ende März dieses Jahres brach sich Paule leider das linke Hinterbein. Es war ein unglücklicher Unfall von dem ich im Kapitel "Gesundheit" erzählt habe. Was seinen Charakter betrifft, so hat er immer gute Laune und ist mit fast 11 Jahren immer noch ein aufgewecktes Kerlchen. Alle sind überrascht, wenn ich ihnen sage, wie alt Paule ist. Die meisten schätzen ihn auf 3 - 5 Jahre. Er liebt Menschen, braucht aber bei manchen Hunden eine kurze Aufwärmphase. Paule ist sehr verfressen und mag keine Hitze.

Constanze (Instagram-Account: sch.p._constanze)
Umgang mit altersbedingten Herausforderungen

Unser Havaneser Bobby ist stolze 16 Jahre und 9 Monate alt geworden. Er war von Anfang an ein toller Hund - hat super gehört und war kaum krank. Auch meine Tochter hat er von Anfang an begleitet. Für unseren Bobby war es nicht immer leicht, aber er hatte eine Engelsgeduld mit ihr. Auch als sie mit knapp anderthalb Jahren grob an seiner Rute zugepackt hat - kein Knurren, kein Schnappen, nichts. Die beiden waren unzertrennlich. Im Laufe der Jahre wollte Bobby dann nicht mehr zu große Runden gehen. Was man ja mit 13 Jahren verstehen kann. Ab da wurde auch das Seh- und Hörvermögen schlechter. Ohne Leine laufen ging gar nicht mehr, da er einen schlichtweg nicht mehr hören konnte. Anfangs haben wir es auf den „Altersstarrsinn" geschoben. Aber der Tierarzt hat uns leider bestätigt, dass er nicht mehr richtig hören konnte. Danach begannen sich die Augen zu trüben. Andere Hunde waren dann nicht mehr so wichtig für Bobby. Mal schnuppern und „Hallo" sagen ja, aber toben wollte er nicht mehr. Wir haben dann auch Rücksicht genommen und ihn geschont. Im letzten Dreivierteljahr hat unser Hund dann richtig abgebaut. Am liebsten lag er im Körbchen, kam selten raus, wenn es klingelte. Wenn unsere Tochter nach der Schule nach Hause kam, begrüßte er sie anfangs noch. Das hat dann

Links: Leila, Rechts: Bobby,

aber auch nachgelassen. Als wir bei meinen Eltern im Garten waren, jaulte er plötzlich sehr laut. Die Hunde aus der Nachbarschaft haben alle gebellt, was irgendwie komisch war. Kurz danach hat er begonnen sich in kreisenden Bewegungen vorwärts zu bewegen. Beim Check-Up hat uns die Tierärztin noch beruhigt und meinte, dass es zwar nicht schön ist, er aber nur Demenz habe. Aus diesem Grund hat er auch tagsüber viel geschlafen. Nachts war er dafür oft wach und hat geweint. Mit einem Nachtlicht haben wir uns dann beholfen und eine Lösung für beide Seiten gefunden. Aber es war uns klar, dass es so nicht mehr weitergehen konnte. Als wir mit der Tierärztin über unsere Möglichkeiten reden wollten, hatte Bobby wieder sehr gute Momente. Daher haben wir dieses unangenehme Gespräch aufgeschoben. Als er im letzten August nicht mehr richtig fressen und trinken wollte, mussten wir uns doch der Situation stellen. Nur unser kleiner Schatz kam uns fast zuvor und hat begonnen die Sterbephase einzuleiten. Unsere Tierärztin hat ihn dann letztlich bei uns zu Hause erlöst. Es war kein leichter Weg und es tut immer noch sehr weh. Rückblickend lässt sich sagen, dass wir vielleicht zu lange gewartet haben. Aber man wollte es nicht wahrhaben: Bobby war immer da und hat unsere Tochter 11 Jahre lang begleitet. Seit 10 Jahren haben wir einen Zweithund, eine kleine Bolonka Zwetna Hündin. Wie alt sie genau ist, hat die Dame uns nicht verraten. Aber auch sie kommt langsam in die Jahre und man sieht Leila ihr ungefähres Alter an. Sie hatte lange daran zu knabbern, dass ihr Hundefreund nicht mehr da war. Aber wir schaffen uns jetzt keinen Zweithund mehr an.

Trotzdem behalten wir all die schönen Momente im Herzen und werden irgendwann wieder einen Havaneser haben. Es sind tolle Hunde, die einem eine Menge geben.

Ute (Instagram-Account: havaneser_luki_und_bert)
Luki's Leben

Luki wurde am 22. November 2006 geboren. Unsere damals 10-jährige Tochter hatte jahrelang um einen Hund gekämpft. Als mein Mann endlich einem Hündchen zustimmte und ihn sogar schon ausgesucht hatte, war das der schönste Tag in ihrem Leben. Am 19. Januar 2007 holten wir ihn ab. Unsere gemeinsame Reise begann. Luki war unser erster Hund. Er war vorsichtig und sensibel. Ein großer Schmuser war er nicht, die Nähe zu seinem Gesicht wollte er nicht, aber er wich uns nicht mehr von der Seite und wollte immer gestreichelt werden. Er saß oder lag immer zu unseren Füßen: Noch heute (3 Jahre nach seinem Tod) schaue ich unter jeden Stuhl, bevor ich aufstehe.

Vor Gewittern hatte er unheimliche Angst, da floh er sogar in den Keller, obwohl er den normalerweise mied. Luki lernte schnell und war, so wie die meisten Havaneser sind, ein kleiner Clown.

Er hasste es gekämmt oder gebadet zu werden. Als er sich einmal im Wald in Brombeersträuchern verwickelte, war der Entschluss gefasst, die langen Haare kommen ab. Wir haben uns eine liebe Hundefriseurin ausgesucht, bei der man dabei bleiben durfte. Es kamen fast 13 Jahre Friseurbesuche auf uns zu.

Als unsere große Tochter sehr krank wurde und fast 1 Jahr in Kliniken war, sind wir sie fast täglich besuchen gefahren und unser Luki blieb oft bei der jüngeren Tochter. Er war ein großer Trost in dieser Zeit.

Ein paar Jahre vergingen. Wir konnten uns das Leben ohne unseren Luki nicht mehr vorstellen. In den Urlaub geflogen sind wir nicht mehr und wir haben gern darauf verzichtet.

Er hat alles gefressen, was unter seine Nase kam, auch wenn es Gänsekacke oder Hasenköttel waren. Luki war ein großer Havaneser. Er sah nicht dick aus, aber als die Tierarztwaage 8,9 kg zeigte, gab's nur noch Möhren statt Leckerli. In kürzester Zeit hatte Luki 1,5 kg abgenommen. Er wurde richtig karottensüchtig.

Wir mussten kaum mit ihm zur Tierärztin, denn er war bis ins hohe Alter selten krank, hatte keinen Durchfall, Magenprobleme oder allergische Reaktionen.

2012 waren wir mit der ganzen Familie auf Rügen. Wir hatten eine Ferienwohnung in einem alten restaurierten Haus. Im Treppenhaus waren die Stufen etwas höher. Einige Male am Tag gingen wir mit Luki diese Treppen. Irgendwann hatte er große Schmerzen, er schrie, dass es uns durch alle Knochen fuhr. Wir sind noch dort zu einem Tierarzt gegangen (einem Großtierarzt). Er gab Luki eine Spritze und meinte, das Kerlchen hat wahrscheinlich zu viel Sand gefressen. Wir hatten eine schreckliche 9-stündige Heimfahrt, besonders der arme Luki.

Zuhause angekommen, sind wir gleich zu unserer Tierärztin gefahren. Diagnose: Der hat's am Rücken. Er bekam Schmerztabletten und im Abstand von ein paar Tagen 2 Spritzen. Sie gab ihm absolutes Treppenverbot. Kleine Hunde sind nicht für Treppen, meinte sie. Vielleicht mal hochgehen, aber runter auf keinen Fall! Wir hatten ein sehr schlechtes Gewissen. Luki war uns zuhause immer hinterhergelaufen, treppauf, treppab. Nun musste ein Treppenschutz her. In der folgenden Zeit mussten wir mit Luki öfter wegen Rückenproblemen zur Tierärztin. Er bekam dann Tabletten und wenn es nicht besser wurde Spritzen. 2014 war Luki's erste Bandscheiben-OP. Unsere Tierärztin rief am Abend in der Tierklinik an und der Kleine wurde notoperiert. 2 Tage später holten wir ihn aufgeregt ab. Alles hatte gut geklappt. Er erholte sich relativ schnell wieder und war bald so übermütig wie vor der OP.

2015 wurde es wieder so schlimm, dass sein Leben auf dem Spiel stand.
Er robbte uns nur mit den Vorderbeinen hinterher und schrie wie am Spieß. Keine Frage, wir entschieden uns nochmal für eine OP. Jedesmal waren es Kosten von fast 3000 Euro. Auch nach dieser OP ging es dem kleinen Kämpfer nach ein paar Wochen wieder gut. Sein Gang wurde wieder elegant, fast schwebend und wir waren überglücklich.

Danach kamen ein paar unbeschwerte Jahre. Unsere Bindung wurde durch das Erlebte noch intensiver.
Im Mai 2019, Luki war 12 Jahre alt, ließen wir den Zahnstein unter Narkose entfernen und waren geschockt, als uns die Ärztin erzählte, dass sie Luki drei Zähne entfernen musste. Aber das machte ihm überhaupt nichts aus, er fraß trotzdem noch seine Möhren.

Seine Augen wurden zu dieser Zeit trüber und seine Ohren schlechter. Nun wurde er noch empfindlicher. Wenn z.B. im Herbst die Eicheln auf unser Carportdach fielen, wollte er sofort ins Haus. Er wurde sehr schreckhaft.

Aber wir waren ein tolles Team. Wir konnten uns mit Blickkontakt und kleinen Gesten verständigen. Ich fand, er hatte noch viel mehr Charme als in seinen ersten Jahren.

Im Frühjahr 2020 fuhren wir wie in den Jahren zuvor nach Holland. Luki war total fit. Er war noch so verrückt wie ein junger Hund. Alles war schön mit ihm.

Im Herbst sind wir nochmal in den Allgäu gefahren. Luki hatte für seine fast 14 Jahre immer noch eine gute Kondition. Er ist die Hügel rauf und runter gelaufen und ich war sehr stolz auf ihn. Aber eines Tages hatte er seine 5 Minuten, die alle Hunde ab und zu bekommen. Erst waren wir amüsiert. Aber er drehte seine Runden so schnell wie nie zuvor und ist nicht stehen geblieben. Ich bekam Angst, wollte ihn stoppen, aber er hörte nicht auf zu rennen.

Am Abend hatte er sehr seltsamen Husten. Wir sind am nächsten Tag zur Tierärztin gefahren. Dort bekam er eine Spritze, aber es wurde nicht besser. Er hustete weißen Schaum. Wir mussten in die nächste Tierklinik fahren. Dort machten sie erstmal eine CT. Seine Lunge war irgendwo gerissen und es war Luft in seinem Bauchraum und Flüssigkeit in der Lunge.

Der Chefarzt schlug eine Punktion vor. Wir mussten entscheiden mit einem schwerkranken Hund nach Hause zu fahren oder eine Punktion der Lunge vornehmen zu lassen.

Wir entschieden uns für die Punktion. Wenn wir zuhause sind, sollten wir in eine Tierklinik fahren. Wahrscheinlich würde ihm ein Lungenflügel entfernt werden, meinte der

Tierarzt. Unsere Überlegung war, was ist, wenn uns der Kleine auf der Fahrt stirbt?! Wir entschlossen uns für die Punktion.

Als wir uns verabschiedeten, schaute uns Luki so lange und intensiv an wie nie zuvor. Es war der Blick des Abschieds. Er wusste, wie es um ihn steht. Ich sagte zu ihm, es ist nicht so schlimm, morgen holen wir dich ab und dann fahren wir nach Hause.

Leider ist bei der OP Luki's Lunge zusammengefallen und er konnte nicht wiederbelebt werden. Unser süßer Herzenshund war gestorben.

Und mein Herz ist auch gestorben. Ich hab es körperlich gespürt, es hat sich eiskalt angefühlt, wie ein Fremdkörper. Erst langsam hat es sich wieder warm angefühlt.

Luki ist am 16. Oktober 2020 mit fast 14 Jahren gestorben

Nun mussten wir ohne ihn nach Hause fahren und es vorher noch unserer "kleinen" Tochter (damals 23) beibringen. Sie schrieb noch am frühen Morgen: „Heute kommt mein Baby heim. Ich kann es kaum erwarten". Es war so schlimm.

Wir haben Luki in München einäschern lassen und in einer kleinen Holzkiste im Garten beerdigt.

Danksagung

Ich freue mich sehr, dass ihr mein Buch in den Händen haltet. Es ist das Ergebnis von Monaten intensiver Arbeit, aber auch von viel Spaß und Freude.

Besonders danken möchte ich meinen lieben Follower auf Instagram. Ihr seid einfach die Besten! Ihr habt mir eure süßen Havaneser und andere Fellnasen gezeigt und mir erlaubt, eure Geschichten und Fotos in meinem Buch zu verwenden. Ihr habt mich immer motiviert und unterstützt. Ich bin so stolz, Teil dieser wunderbaren Community zu sein.

Ich möchte auch meinem Mann Markus und meiner Tochter Larissa danken. Ihr seid meine Felsen in der Brandung und meine besten Freunde. Ihr habt mich nicht nur mit Schokolade und Chips versorgt, sondern auch mit Liebe und Verständnis. Ihr habt mir den nötigen Freiraum gegeben, um mich kreativ auszutoben. Ich liebe euch über alles.

Ich möchte auch meiner Mama danken. Du hast mir immer ehrliches Feedback gegeben. Du hast mich getröstet, wenn ich mal frustriert war, und dich mit mir gefreut, wenn ich einen Erfolg hatte. Ich liebe dich sehr.

Ich möchte auch meinen Freundinnen und Freunden danken. Ihr seid die Besten, die ich mir wünschen kann. Ihr habt mir immer zugehört, wenn ich euch von meinem Buchprojekt erzählt habe. Ihr habt es gelesen und das Cover bewertet. Ihr habt mir Mut gemacht, wenn ich Zweifel hatte. Ich liebe euch.

Und last but not least möchte ich meinem Hund Pablo danken. Du bist mein Seelenhund und meine Muse. Ohne dich hätte ich nie dieses Buch geschrieben. Du bringst mich jeden Tag zum Lächeln und zum Staunen. Du bist mein Glück auf vier Pfoten.

Ich hoffe sehr, dass dir mein Buch gefällt.

Vielen Dank für deine Unterstützung!

Daniela

Über die Autorin

Daniela Sickinger teilt ihre alltäglichen Erlebnisse mit ihrem Havaneser seit 2018 auf ihrem beliebten Instagram-Account Havaneser_Pablo mit über 27.000 Follower. Sie ist 52 Jahre alt, verheiratet und Mutter einer fast erwachsenen Tochter. Sie lebt mit ihrer Familie im schönen Untertaunus, wo sie oft mit Pablo in der Natur anzutreffen ist. Neben ihrer Arbeit als Produktmanagerin fotografiert und schreibt sie.

Die Autorin ist eine begeisterte Havaneser-Besitzerin und tauscht sich leidenschaftlich gerne mit anderen Hundebesitzern, vor allem Havaneser-Liebhabern, offline und online aus.

Den Instagram Account von Havaneser_Pablo erreichst du hier:

Printed in Great Britain
by Amazon

32445464R00077